ASSASSINI SI

Le Biografie dei Più noti Assassini

(Dentro le Menti e i Metodi di Psicopatici, Sociopatici e
Torturatori)

Libri di file forensi

Cronaca di un Vero Crimine

Disclaimer

Introduzione

Un serial killer è una persona che commette una serie di omicidi in un breve periodo di tempo. È un assassino che uccide due o più persone in crimini separati, altrimenti non collegati, secondo una definizione accettata in un simposio dell'FBI del 2005. Un serial killer si distingue in questo modo da un assassino di massa (i cui atti sono collegati) e da uno spree killer (che, a causa della mancanza di tempo tra gli omicidi, spesso non fa riferimento a crimini diversi).

Gli omicidi di un serial killer sono di solito eseguiti in modo simile.

Negli anni '30, il capo della polizia di Berlino Ernst Gennat coniò il termine "assassino seriale", usando il termine "serienmörder" per caratterizzare il serial killer Peter Kürten.

Caratteristiche dei serial killer

I serial killer soffrono spesso di disfunzioni sessuali e hanno una bassa autostima. I serial killer sono anche noti per le loro tendenze sadiche. L'omicidio vero e proprio è spesso la fine di un lungo processo che ripetono ad ogni omicidio. Alcuni serial killer ritornano sulla scena del crimine o sul luogo dove il corpo della loro vittima è stato lasciato.

Gli assassini seriali hanno preso la proprietà personale della vittima in diverse occasioni; tornare sulla scena del crimine o altrimenti tenere la vittima vicina, così come appropriarsi della proprietà personale, sono tutti modi per ottenere il "potere finale" sulla vittima, che si è spesso dimostrato essere l'obiettivo superiore degli assassini seriali.

Il cannibalismo, per esempio, è la manifestazione più estesa dell'esercizio di questo potere ultimo. I serial killer diventano spesso più negligenti man mano che le loro vittime aumentano di numero, gli omicidi avvengono più frequentemente e il serial killer fa meno tentativi di nascondere i corpi. I serial killer con più vittime sono spesso individui intelligenti.

I metodi operativi dei serial killer

Come altri criminali, molti serial killer hanno la loro "firma" o "firma". La "calligrafia", o firma, del criminale è spesso considerata come il MO (modus operandi). Si tratta, tuttavia, di due nozioni distinte. Il modus operandi del criminale è ciò che lui o lei fa per commettere il crimine, e può cambiare. L'unica opzione del criminale per soddisfare la sua brama è firmare. Poiché ogni omicidio insegna al criminale come farlo meglio, il modus operandi può cambiare. Inoltre, la scena del crimine può richiedere una certa creatività.

Famosi serial killer

Il colombiano Pedro Alonso López è considerato il più famoso serial killer del mondo. Si pensa che 350 donne e bambini siano stati violentati e uccisi da lui. Secondo il Guinness dei primati, l'indiano Thug Buhram è il più grande serial killer di tutti i tempi (o Behram). Apparteneva a una banda di criminali che strangolava le persone come forma di culto alla dea della morte Kali. Secondo i rapporti, uccise 931 persone tra il 1790 e il 1830, tutte strangolandole con il suo panno strangolatore. Un'altra opzione è la contessa ungherese Erzsébet Báthory, che torturò e uccise donne e ragazze nel suo castello con l'aiuto di quattro complici dopo la morte del marito. Ancora una volta, le fonti sono confuse: stime conservative mettono il numero di omicidi a 36, ma ci sono accenni che il numero potrebbe essere ovunque da 200 a 600.

All'interno di questa raccolta di racconti e biografie, esploreremo i profili dei serial killer, cosa li ha spinti a commettere tali orribili atrocità, e se sono stati arrestati e puniti o meno. Cosa possiamo imparare dalla vita dei mostri e dalla loro storia di omicidio?

Se ti piace questo libro, per favore lascia una recensione perché ci aiuterà molto e ci permetterà di continuare a pubblicare la storia del crimine globale.

Tabella dei contenuti

1. Rodney Alcala

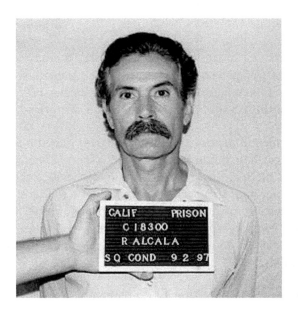

Anni di attività: 1971-1979
Paese: Stati Uniti
Omicidi commessi: 8 confermati, 12 stimati
Punizione: Condanna a morte per iniezione letale

Rodney Alcala, un assassino seriale di Los Angeles, California, è nato il 23 agosto 1943 a San Antonio, Texas, Stati Uniti. **Cornelia Michel Crilley** *(23 anni)*, **Ellen Jane Hover** *(23 anni)*, **Robin Samsoe** *(12 anni)*, **Jill Barcomb** *(18 anni)*, **Georgia Wixted** *(27 anni)*, Charlotte Lamb *(31 anni)*, **Jill Parenteau** *(21 anni)* e **Christine Thornton** *(28 anni)* sono tra le otto donne e una ragazza che ha ucciso.

La sua gioventù e la sua giovane età adulta

Rodney Alcala è nato a San Antonio, Texas, nel 1943, da Raoul Alcala Buquor e Anna Maria Gutierrez. Suo fratello maggiore e sua sorella sono nati prima di lui, e suo fratello minore e sua sorella sono nati dopo di lui. Il padre lavorava come insegnante di spagnolo ed era il capofamiglia. La famiglia di Rodney si è trasferita in Messico quando lui aveva otto anni perché la nonna materna era malata e voleva trascorrere lì i suoi ultimi anni. Suo padre torna negli Stati Uniti dopo la morte della nonna e abbandona la famiglia.

Rodney ha 11 anni e i suoi genitori sono divorziati quando sua madre trasferisce i quattro figli a Los Angeles. Nonostante tutto, si fa degli amici a scuola ed è uno dei migliori studenti della sua classe. Prende lezioni di pianoforte e continua a suonare per tutta la sua carriera accademica.

Inizia la scuola secondaria nel 1956. Sente di aver ricevuto abbastanza educazione religiosa nell'ultimo semestre. Si iscrive in una scuola superiore pubblica. Si diploma tre anni dopo, nel 1960, e si iscrive nel North Carolina per addestrarsi come paracadutista militare. All'epoca ha 17 anni. Dopo aver completato l'addestramento, entra nell'esercito americano come impiegato. Suo padre muore inaspettatamente il 1° agosto 1962. Alcala ha un esaurimento nervoso e viene ricoverato in una struttura psichiatrica.

Si iscrive alla UCLA School of Fine Arts, un'università americana, dopo il suo rilascio, e riceve una laurea in Belle Arti nel 1968. Compie il suo primo crimine violento nel 1968. La vittima, che ha otto anni, è viva e vegeta.

Alcala ha ormai 25 anni e per il momento è riuscito ad evitare le autorità. Si iscrive alla New York University (NYU) sotto l'identità di "John Berger" e viene ammesso al programma di cinema. Roman Polanski, tra gli altri, è stato uno dei suoi insegnanti.

Nel luglio 1968, viene assunto in un campo estivo a George Mills, New Hampshire, usando il nome 'John Berger'. Lì lavora nell'ambito del teatro e dell'arte come consigliere. Riceve il suo diploma dalla NYU nel giugno 1971. Nello stesso mese, stupra e uccide Cornelia Michel Crilley, una donna di 23 anni. Questo omicidio non viene risolto per altri 40 anni.

Omicidi e altri atti di violenza 1968-1979

Attira Tali Shapiro, una bambina di 8 anni, nella sua residenza di Los Angeles il 25 settembre 1968. Un automobilista ne è testimone e lo insegue fino al suo appartamento, dove telefona alla polizia. Quando la polizia suona il campanello, Alcala fugge dall'appartamento. La ragazza è stata violentata e picchiata con un tubo d'acciaio ed è stata scoperta viva. Si iscrive alla NYU sotto il nome di John Berger e viene accettato, il che gli permette di evitare il mandato d'arresto.

Cornelia Michel Crilley, un'assistente di volo di 23 anni della Trans World Airlines, viene trovata nel suo appartamento di Manhattan violentata e strangolata nel giugno 1971. Il suo omicidio rimase inspiegabile fino al 2011, quando fu collegato ad Alcala.

Per lo stupro e il tentato omicidio di Tali Shapiro, l'FBI ha aggiunto Alcala alla sua lista dei dieci fuggitivi più ricercati. Due giovani ragazze che frequentano il campo estivo di George Mills notano la sua foto su un poster dell'FBI all'ufficio postale in agosto. Lo riferiscono al preside del campo estivo, che a sua volta lo riferisce all'FBI.

Il primo arresto e l'incarcerazione

Alcala viene arrestato sul posto ed estradato in California l'11 agosto 1971. I genitori di Tali Shapiro non le permettono di testimoniare nel caso. Senza questa testimonianza, Alcala non può essere condannato per stupro o tentato omicidio; invece, i procuratori lo dichiarano colpevole di accuse minori. Viene condannato a una "pena indefinita" il 19 maggio 1972; viene stabilito un lasso di tempo durante il quale sarà tenuto in custodia; se "dimostrerà" se stesso durante questo periodo, avrà diritto alla libertà condizionata. Il medico della prigione statale ritiene che Alcala abbia già dimostrato un progresso e una trasformazione significativi dopo due anni e mezzo. Di conseguenza, Alcala viene liberato sulla parola nell'agosto 1974 dopo aver scontato una pena di 34 mesi. È obbligato a registrarsi presso il dipartimento di polizia di Monteray Park come criminale sessuale. Nello stesso mese, ottiene un lavoro con una compagnia fotografica a Los Angeles, dove scatta immagini nei negozi.

Il secondo arresto e la condanna al carcere

Meno di due mesi dopo la sua libertà vigilata, viene arrestato il 13 ottobre da un sovrintendente del parco che si eccita per l'odore di uno spinello. Trova Alcala in compagnia di una ragazza di 13 anni di Huntington Beach. Alcala l'ha rapita, l'ha baciata e l'ha costretta a fumare marijuana con lui. Alcala riceve nuovamente una "sentenza indeterminata" e viene rilasciato sulla parola dopo due anni il 16 giugno 1977. La libertà condizionale è concessa perché Alcala si dice sia stato "riformato" sulla base di programmi di auto-miglioramento a cui aveva partecipato in prigione. Dopo il suo rilascio, gli viene richiesto di presentarsi settimanalmente al suo ufficiale di sorveglianza.

La sua apparizione in un dating show televisivo

Il 13 settembre 1978, Alcala è un concorrente di un dating show televisivo, il presentatore lo presenta come un "fotografo di successo che ha iniziato quando suo padre lo trovò completamente sviluppato nella camera oscura all'età di 13 anni. Tra una foto e l'altra lo si poteva vedere fare paracadutismo o andare in moto". In modo fluido, dà risposte spiritose. Alcala vince il dating show. Il premio è una lezione di tennis e una gita di un giorno in un parco di divertimenti. Tuttavia, la donna che lo sceglie, Cheryl Bradshaw, in seguito annulla il loro appuntamento perché lo trova inquietante. La sua partecipazione allo show gli fa guadagnare il soprannome di "The Dating Game Killer".

La ricompensa per il cattivo comportamento

Il 13 febbraio 1979, prende la quindicenne Monique Hoyt, che sta facendo l'autostop lungo la strada di Riverside. La convince a lasciarsi fotografare nel bosco per un concorso fotografico. Passano la notte insieme nel suo appartamento. La mattina dopo la porta in una zona remota delle montagne intorno a Los Angeles. Le scatta foto nude e poi la violenta. Lei si guadagna la sua fiducia rimanendo il più amichevole possibile con lui, dice che vuole una relazione con lui e fugge quando lui usa il bagno di una stazione di servizio. Lei lo denuncia alla polizia e lo stesso giorno riconosce Alcala in una foto pubblicata dalla polizia tra altre foto di uomini dall'aspetto simile. Alcala viene arrestato e ammette di averle stretto la gola e di averla violentata. Ma Alcala è presto di nuovo in libertà: sua madre paga la cauzione di 10.000 dollari e lui è di nuovo libero.

Nell'aprile 1979, Alcala consegna la sua lettera di dimissioni al suo direttore del LA Times. Il 12 maggio, ha il suo ultimo giorno di lavoro lì. Il 14 giugno, il corpo della 21enne Jill Parenteau viene trovato nel suo appartamento a Burbank, Los Angeles. È stata violentata, strangolata e picchiata. Si determina che la sua casa è stata scassinata. Il DNA del colpevole è rimasto nel suo corpo. Nel 2004, l'analisi del DNA stabilisce che Alcala ha commesso l'omicidio. Il DNA di Jill Parenteau viene trovato anche su un orecchino che era in possesso di Alcala.

Il 20 giugno 1979, Robin Samsoe, una ragazzina di 12 anni di Huntington Beach, scompare. Il suo corpo viene ritrovato 12 giorni dopo nella "Angeles National Forest" dove era stato rosicchiato da animali selvatici. Un'amica della ragazza racconta alla polizia che uno sconosciuto ha chiesto loro se poteva fare delle foto. Una foto del colpevole viene scattata e distribuita.

Arresto e condanna

Il 14 luglio 1979, Alcala viene preso in custodia per l'omicidio di Robin Samsoe; la cauzione è fissata a 250.000 dollari. Durante una perquisizione della casa della madre di Alcala due settimane dopo, i detective trovano una ricevuta di affitto di un magazzino a Seattle. Nel deposito vengono trovati diversi orecchini, tra cui quello di Robin Samsoe.

Il processo inizia nel 1980, Alcala si dichiara "non colpevole" ma lo stesso anno, il 20 giugno, viene condannato a morire nella camera a gas. Le testimonianze delle sue sorelle e della sua fidanzata di allora che gli fornivano un alibi per l'omicidio di Robin Samsoe non hanno avuto alcun effetto. Tuttavia, il verdetto viene ribaltato nel 1981 dalla Corte Suprema della California perché i giurati erano stati informati dei suoi precedenti reati sessuali (il caso Tali Shapiro del 1968) che li ha influenzati.

Nel 1986, Alcala fu nuovamente condannato a morte dopo un processo di due giorni con una giuria. In risposta al suo appello, la Corte d'Appello del 9° Circuito rovescia il verdetto. Questa volta perché non fu permesso ad un testimone di sostenere l'affermazione di Alcala sul ranger del parco che aveva trovato il corpo della sua ultima vittima, Samsoe. Secondo Alcala, questo ranger del parco era stato "ipnotizzato dagli agenti di polizia".

Mentre è in custodia, Alcala scrive e pubblica un libro, You, the jury (1994), in cui rivendica l'innocenza nel caso Samsoe e propone un altro sospetto. Scrive anche della sua esperienza con Monique Hoyt, lei dice alla giuria (all'epoca del terzo processo nel 2010) che non solo le ha rovinato la vita, ma ha raccontato storie scandalose su di lei nel suo libro.

Mentre è in custodia, Alcala fa due cause contro il sistema penale californiano, per un incidente di caduta e per aver rifiutato di nutrirlo con una dieta a basso contenuto di grassi.

La terza causa

Nel 2009 arriva la terza causa. I procuratori propongono di combinare il "caso Samsoe" con le quattro nuove vittime scoperte che possono essere attribuite ad Alcala come risultato dell'analisi del DNA. La difesa protesta; come spiega uno di loro: "Se sei un giurato e ascolti un caso di omicidio, probabilmente puoi avere ragionevoli dubbi. Ma è molto difficile dire di avere ragionevoli dubbi su tutti e cinque, specialmente quando quattro dei cinque non sono presunti da testimoni oculari ma provati dal DNA". Nel 2006, la Corte Suprema della California ha dato ragione all'accusa, e nel febbraio 2010, Alcala è stato processato per le cinque accuse unite.

Per questo terzo processo, Alcala sceglie di agire come proprio avvocato. Per cinque ore, gioca il ruolo di interrogatore e di testimone, ponendosi delle domande e poi rispondendo. Durante questo bizzarro auto-interrogatorio, racconta ai giurati che stava facendo domanda per un lavoro come fotografo alla Knott's Berry Farm quando Samsoe fu rapito. Mostra alla giuria parte della sua apparizione del 1978 a The Dating Game nel tentativo di dimostrare che gli orecchini nel suo armadio di Seattle sono suoi, non di Samsoe. Alcala non fa alcun tentativo significativo di contestare le quattro accuse aggiunte, se non sostenendo che non ricorda di aver ucciso nessuna delle donne. Come parte della sua arringa finale, suona la canzone di Arlo Guthrie "Alice's Restaurant" in cui il protagonista dice a uno psichiatra che vuole uccidere. Dopo meno di due giorni di deliberazione, la giuria lo dichiara colpevole di omicidio di primo grado.

Una testimone a sorpresa durante la fase penale del processo è Tali Shapiro, la prima vittima conosciuta di Alcala. Alcala non la interroga, ma si scusa per il suo "comportamento spregevole". Shapiro non crede alle sue scuse, che arrivano 40 anni dopo il fatto. Lo psichiatra Richard Rappaport, un testimone della difesa, testimonia che il disturbo di personalità borderline di Alcala può avergli fatto dimenticare di aver commesso gli omicidi perché il disturbo può essere accompagnato da episodi psicotici.

Il procuratore, d'altra parte, sostiene che Alcala è un "predatore sessuale" che "sapeva che quello che stava facendo era sbagliato e non gli importava". Nel marzo 2010, Alcala viene condannato a morte per la terza volta. La condanna a morte sarà eseguita tramite iniezione letale. Rimane nella prigione statale di Corcoran in California in attesa di un ulteriore appello della sua condanna a morte.

Le fotografie dell'omicidio

Quando Alcala fu arrestato nel 1979, la polizia entrò in possesso di oltre duemila fotografie che aveva scattato negli anni precedenti. Le fotografie mostrano, in particolare, donne e bambini nudi. Per motivi legali, le foto non possono essere condivise con il pubblico fino a marzo 2010. A causa della natura esplicita delle foto, solo 120 sono condivise con l'obiettivo di determinare se altre vittime sono tra le persone che ha fotografato. Nelle prime settimane dopo la distribuzione, la polizia riferisce che 21 donne si sono fatte avanti per identificarsi. Almeno sei famiglie dicono di riconoscere i loro cari scomparsi anni fa e mai ritrovati. Tuttavia, senza un corpo, non si può provare che Alcala abbia ucciso questi cari. Nel 2013, un membro della famiglia ha riconosciuto la foto di Christine Thornton, 28 anni al momento della sua scomparsa, il cui corpo è stato trovato nel Wyoming nel 1982.A partire da settembre 2016, 110 delle foto originali sono state pubblicate permanentemente online e la polizia sta ancora cercando l'aiuto del pubblico per rendere possibili altre identificazioni.

Ulteriori indagini e la condanna di Rodney Alcala

Stato di New York

Dopo la sua condanna del 2010, le autorità di New York hanno annunciato di non perseguire più Alcala a causa del suo status di condannato in attesa di esecuzione. Tuttavia, nel gennaio 2011, un Grand Jury di Manhattan lo incrimina per gli omicidi di Cornelia Crilley, l'assistente di volo della TWA, e di Ellen Hover, l'ereditiera di Ciro, rispettivamente nel 1971 e nel 1977. Nel giugno 2012, viene estradato a New York, dove inizialmente si dichiara non colpevole in entrambi i casi. Nel dicembre 2012, cambia entrambe le dichiarazioni in "colpevole". Il 7 gennaio 2013, un giudice di

Manhattan condanna Alcala ad altri 25 anni di carcere a vita. La pena di morte non è più un'opzione nello Stato di New York dal 2007.

Stato di Washington

Nel 2010, la polizia ha contrassegnato Alcala come "persona di interesse" (un termine usato dalle forze dell'ordine statunitensi per identificare qualcuno coinvolto in un'indagine criminale che non è stato arrestato o formalmente accusato di un crimine) negli omicidi irrisolti della tredicenne Antoinette Wittaker nel luglio 1977 e Joyce Gaunt, 17 anni, nel febbraio 1978.

San Francisco

Nel marzo 2011, gli investigatori di Marin County, California, hanno annunciato la loro convinzione che Alcala fosse responsabile dell'omicidio della diciannovenne Pamela Jean Lambson, scomparsa dopo un viaggio al Fisherman's Wharf per incontrare un uomo che si era offerto di fotografarla. Il suo corpo è stato successivamente trovato a Marin County vicino a un sentiero. Senza impronte digitali o DNA utilizzabile, è improbabile che le accuse vengano presentate, ma la polizia sostiene che ci sono abbastanza prove per convincerli che Alcala ha commesso il crimine.

Accuse penali in Wyoming

Nel settembre 2016, Alcala è stato accusato dell'omicidio della 28enne Christine Ruth Thornton, scomparsa nel 1977. Nel 2013, un membro della famiglia l'ha riconosciuta in una foto scattata da Alcala che è stata resa pubblica. Il suo corpo è stato trovato nella contea di Sweetwater, Wyoming, nel 1982, ma non viene identificato fino al 2015, quando il DNA fornito dalla famiglia della Thornton corrisponde a campioni di tessuto dei suoi resti. Al momento della morte, questa donna era incinta di circa sei mesi. Alcala ammette di aver scattato la foto, ma non ammette di aver ucciso la donna. Alcala - che ora ha 73 anni - è "troppo malato" per fare il viaggio dalla California al Wyoming per affrontare il processo sulle nuove accuse. Rimane nella prigione statale di Corcoran in California in attesa di ulteriori appelli contro le sue condanne a morte.

Il profilo di un sociopatico

Quando Alcala ha 21 anni, gli viene diagnosticato un "disturbo antisociale di personalità". Questo disturbo di personalità si verifica nello 0,2-3,3% della popolazione olandese; è caratterizzato da un modello di disprezzo o violazione dei diritti degli altri e da un comportamento impulsivo e antisociale. C'è spesso una mancanza di coscienza e una storia di comportamento criminale, aggressivo e/o impulsivo e problemi legali.

Nel caso di Alcala, i primi problemi non si manifestano fino all'età di 18 o 19 anni; soffre di esaurimenti nervosi mentre lavora come impiegato nell'esercito americano. Nonostante il suo disturbo di personalità, riesce a completare i suoi primi studi universitari senza perdere tempo. Solo dopo aver completato questi studi, all'età di 25 anni, commette il suo primo crimine violento ufficiale, violentando una bambina di 8 anni e tentando di ucciderla. Sfugge alla polizia e vive come se nulla fosse accaduto, adottando un altro nome e non assumendosi la responsabilità delle sue azioni.

Riesce a completare con successo una seconda laurea senza problemi. Mantiene un lavoro come consigliere di arte e teatro in un campo estivo per tre anni. Dopo aver completato il suo secondo studio, Alcala sbaglia lo stesso mese cedendo ai suoi impulsi interiori; stupra e strangola una donna di 23 anni. Da allora in poi, la storia della vita di Alcala mostra un modello di attacchi sessualmente violenti contro donne e ragazze molto giovani.

Nel processo, i procuratori riferiscono che il metodo di omicidio di Alcala era quello di soffocare le sue vittime con le sue mani nude fino a farle perdere i sensi, poi permettere loro di riprendere conoscenza prima di ripetere il processo. Il fatto che usa le mani per strangolare la vittima indica che non ha compassione per la vittima e allo stesso tempo gode del potere che ha sulla vittima.

Un uomo intelligente come Alcala avrebbe potuto farla franca molto più facilmente e in modo più sicuro usando una diversa arma del delitto che avesse un effetto più rapido, ma non ha voluto farlo. "Si eccita nell'infliggere dolore ad altre persone", ha detto il procuratore Matt Murphy. Durante il processo, Alcala ha recitato una commedia in cui si interrogava e rispondeva con una voce più pesante. Qualcosa che mostra poco rispetto per le vittime e le famiglie delle vittime.

Infliggere intenzionalmente danni (fisici) agli altri è qualcosa che Alcala non può smettere di fare. È una strada che continua a percorrere, nonostante le varie pene detentive e i programmi di auto-miglioramento a cui ha partecipato. Questo qualifica Alcala come sociopatico; lo psichiatra militare che diagnosticò il "disturbo antisociale di personalità" nel 1964 aveva ragione.

2. Ted Bundy

Anni di attività: 1961-1978
Paese: Stati Uniti
Omicidi commessi: 36 confermati, più di 100 stimati
Punizione: Condanna a morte per elettrocuzione

Ted Bundy, nato negli Stati Uniti come Theodore Robert Cowell a Burlington, Vermont, il 24 novembre 1946 e morto nella prigione statale della Florida, contea di Bradford, il 24 gennaio 1989), è stato uno dei più famosi serial killer americani.

Nel 1979, dopo una lunga peregrinazione attraverso gli Stati Uniti durante la quale ha tracciato una scia di numerosi omicidi, è stato finalmente condannato a morte da un tribunale statale della Florida per l'omicidio di due studenti universitari a Tallahassee e di nuovo nel 1980 per l'omicidio di una ragazza di 12 anni. A quel tempo era già stato condannato al carcere per il rapimento di un'adolescente nello Utah ed era ancora sotto processo per l'omicidio di un'infermiera in Colorado. Durante la sua prigionia, riuscì a fuggire due volte.

Era anche sospettato in più di trenta casi di omicidio in almeno cinque stati americani. La sua mobilità e il suo modus operandi astuto erano caratteristici, in cui fingeva di avere bisogno di aiuto o si fingeva un agente di polizia o un pompiere. Spesso avvicinava le sue vittime in pubblico e chiedeva loro aiuto. Una volta arrivati alla sua auto (di solito un maggiolino Volkswagen), venivano storditi, ammanettati e portati via. Per trasportare le sue vittime, spesso rimuoveva il sedile del passeggero dalla sua auto. Bundy di solito uccideva le sue vittime in un luogo remoto prescelto. Solo i crani sono stati recuperati da alcune vittime e questi mostravano ferite causate da un oggetto contundente (di solito una chiave per pneumatici o un piede di porco).

Quando le vittime sono state trovate più rapidamente, i corpi mostravano segni di strangolamento e stupro oltre alle ferite al cranio. Ci sono solo pochi casi in cui una vittima è sopravvissuta: o perché ha opposto subito una forte resistenza, permettendole di fuggire, o perché Bundy è stato disturbato durante l'attentato, costringendolo a fuggire.

Poco prima della sua esecuzione, ha confessato più di 30 omicidi. Tuttavia, le stime arrivano a più di 100 donne che avrebbe ucciso. Il suo avvocato Polly Nelson lo ha definito nel suo libro Defending the Devil: My Story as Ted Bundy's Last Lawyer, pubblicato nel 1994, "la definizione stessa del male senza cuore".

La gioventù di Ted Bundy

Ted Bundy nacque Theodore Robert Cowell, il figlio illegittimo di Eleanor Louise Cowell (1924-2012) il 24 novembre 1946, all'Elizabeth Lund Home for Unwed Mothers, una casa per madri nubili a Burlington, Vermont. Anche se il certificato di nascita indicava come padre un certo Lloyd Marshall, sua madre sosteneva di essere stata sedotta da un marinaio di nome Jack Worthington. (Tuttavia, nessun Jack Worthington può essere trovato negli archivi della marina e della marina mercantile). La famiglia di Eleanor diede poco credito a questa storia e ci furono voci che il padre di

Eleanor, Sam, fosse il padre. Ci sono prove che Eleanor lasciò il figlio a se stesso per la prima volta dopo la nascita e tornò dai suoi genitori.

Alla fine Ted venne a vivere con Eleanor e i suoi genitori a Philadelphia. Per evitare che Eleanor fosse considerata una madre non sposata, i suoi genitori dissero a Ted che lui era loro figlio ed Eleanor era sua sorella maggiore. Sam Cowell era un uomo tirannico che abusava della moglie, della figlia e degli animali e aveva opinioni razziste. Una volta ebbe un enorme scatto d'ira quando si discusse su chi fosse realmente il padre di Ted. Sua moglie era una donna timida e obbediente che soffriva di depressione e veniva regolarmente curata con l'elettroshock. Più tardi sviluppò l'agorafobia.

Da bambino, Ted mostrava già un comportamento anormale: sua zia Julia una volta si svegliò dopo un sonnellino pomeridiano circondata da coltelli da cucina con le lame rivolte verso di lei. Ted stava accanto al suo letto e rideva.

Nel 1950, Eleanor (che da allora in poi si lascia chiamare Louise) parte con Ted per Tacoma, per vivere con dei parenti. Incontra attraverso la chiesa Johnnie Culpepper Bundy (1921-2007), che lavora come cuoco in un ospedale. Lo sposò nel 1951. Johnnie adottò ufficialmente Ted e insieme la coppia ebbe altri quattro figli. Ted faceva regolarmente da babysitter ai suoi fratellastri e sorelle.

Anche se Johnnie Bundy cercò di costruire un legame emotivo con il figliastro, Ted rimase distante. Ted si sentiva un Cowell ed era sempre stato molto affezionato a suo nonno di Philadelphia. Ted guardava dall'alto in basso Johnnie, che ai suoi occhi guadagnava troppo poco e non era molto brillante. Johnnie aveva poco controllo su Ted e a volte doveva far valere la sua autorità usando la forza.

Ted aveva un bisogno precoce di possedere qualcosa. Quando comprava dei vestiti, tirava invariabilmente sua madre verso le marche più costose. Iniziò a rubare e dimostrò di essere estremamente abile in questo.

I ricordi di Bundy sulla sua infanzia a Tacoma non sono univoci. Ha raccontato storie diverse ai suoi biografi Stephen Michaud e Hugh Aynesworth e al suo avvocato Polly Nelson. A Michaud e Aynesworth raccontò di ricerche nel quartiere durante le quali cercava nei bidoni della spazzatura immagini di donne nude. A Nelson fu detto che cercava nei gialli e nei true-crime stories storie di violenza sessuale, preferibilmente con immagini di corpi morti e mutilati, anche se poi negò di aver letto riviste di true-crime in una lettera ad Ann Rule. Disse a Michaud che beveva grandi quantità di alcol e poi vagava per le strade di notte per sbirciare nelle case e vedere le donne che si spogliavano. Fu arrestato diverse volte dalla polizia con il sospetto di furto con scasso e furto.

Come Bundy abbia scoperto di essere illegittimo non è certo, perché ci sono diverse storie al riguardo. Bundy disse alla sua ragazza che un cugino lo aveva chiamato "bastardo" e che quel cugino gli aveva mostrato il suo certificato di nascita. Michaud e Aynesworth hanno affermato che lui stesso ha trovato il certificato di nascita quando stava sfogliando i documenti di sua madre. Ann Rule ha sostenuto che Bundy andò nella sua città natale di Burlington nel 1969 e cercò il suo certificato nel registro delle nascite.

Bundy dimostrò di essere un buon studente a scuola. Anche se in seguito affermò di avere difficoltà con le amicizie, gli ex compagni di classe lo descrissero come un ragazzo popolare. Fuori dalla scuola, gli piaceva tenersi occupato con lo sci. Poiché non aveva soldi per l'attrezzatura da sci, rubava gli sci e falsificava anche gli skipass per entrare nelle stazioni sciistiche. Quando ha compiuto diciotto anni, la sua fedina penale giovanile è scaduta, cosa comune in molti stati americani.

Borse di studio, studi e relazioni

Nel 1965, abbandonò la scuola superiore e partì con una borsa di studio per l'Università di Puget Sound a Tacoma, Washington, per studiare cinese. Dopo un anno, si trasferì all'Università di Washington. Lì incontrò una studentessa di nome Stephanie Brooks (pseudonimo). Lei era bellissima, aveva bellissimi capelli lunghi con la riga in mezzo, veniva da una famiglia benestante, e incarnava tutto quello che lui cercava in una donna. Si innamorò di lei come un tronco. Nel 1966 interruppe i suoi studi di cinese e poi fece una serie di lavori sottopagati.

Anche se Brooks gli piaceva e ha avuto una relazione con lui per un po', lei ha notato che lui a volte mentiva, cosa di cui lei non era affatto contenta. Credeva anche che lui non fosse adatto al matrimonio perché lei era ambiziosa e aveva degli obiettivi, mentre lui aveva abbandonato il college, non aveva fatto piani per il futuro e le sembrava immaturo. Lei pose fine alla loro relazione dopo un anno e tornò nella sua nativa California. Questo ebbe un effetto devastante su Ted, che era completamente disilluso. Nonostante ciò, si offrì volontario nell'ufficio di coordinamento della campagna repubblicana di Nelson Rockefeller nello Stato di Washington e partecipò alla convention repubblicana di Miami nell'agosto 1968.

Ha viaggiato in Colorado, Arkansas e Pennsylvania per visitare la famiglia. A Filadelfia, frequentò il college alla Temple University per diversi mesi. Secondo la scrittrice Ann Rule, durante questo periodo andò anche a Burlington, nel Vermont. Lì cercò nei registri comunali i suoi dati di nascita e scoprì che era un figlio illegittimo.

Una volta tornato a Seattle, incontrò Elizabeth (Liz) Kendall (pseudonimo), figlia di un dentista divorziato di Ogden, Utah, nel 1969. Per mantenere se stessa e sua figlia, lavorava come segretaria alla scuola di medicina dell'Università di Washington. La loro relazione si sviluppò inizialmente in modo abbastanza normale, anche se lei notò che lui non le era sempre fedele. Lei lo amava e sperava che lui perdesse i suoi capelli selvaggi. Lo aiutava anche finanziariamente. Anche se la relazione con Kendall continuò, Stephanie Brooks rimase nei suoi pensieri. Si tenne in contatto con lei tramite lettere nonostante la rottura, ma lei non sembrava disposta a rinnovare la relazione.

Bundy ricominciò a studiare nel 1970 e questa volta scelse la psicologia. Andava bene ed era amato dai suoi professori. Nel 1971, come parte dei suoi studi, lavorò per un po' di tempo per due dollari all'ora in una hotline dove incontrò l'ex poliziotta e scrittrice in erba Ann Rule. Rule e Bundy furono accoppiati per il lavoro, dato che lavoravano sempre in coppia. Diventarono buoni amici. Stavano vicino alle persone in difficoltà mentale e offrivano un orecchio per ascoltare. Quando la gente minacciava di togliersi la vita, uno teneva la persona in linea mentre l'altro chiamava la polizia per indagare. In questo modo hanno salvato diverse vite, il che è notevole alla luce delle azioni successive di Bundy. Durante i loro turni, parlavano molto tra di loro e Bundy parlava di essere un clandestino.

Rule lo trovò comprensivo e notò che era preoccupato per la sua sicurezza. Inoltre, le diede un buon consiglio quando seppe che stava attraversando un divorzio. Lei prese delle riviste di crimini veri su richiesta di lui. Quando seppe della sua relazione con Kendall e della sua ossessione per Brooks, gli consigliò di non rinunciare a Kendall. Rule in seguito scrisse una biografia di Bundy intitolata The Stranger Beside Me

Dopo essersi laureato nel 1972 e aver conseguito una laurea in psicologia, ricevette uno stipendio per lavorare all'Harborview Hospital come consulente di pazienti psichiatrici. Un collega con cui Bundy ebbe anche una breve relazione notò che nei suoi contatti con i pazienti dava più ordini che essere davvero una cassa di risonanza, era superficiale e che li molestava.

Nel frattempo, era di nuovo attivo in politica, lavorando per la campagna di rielezione del governatore repubblicano Dan Evans. Flirtava con le molte donne che incontrava ai raduni e si distingueva ulteriormente per le sue eccellenti capacità di contatto.

Andò ai discorsi dell'avversario democratico di Evans, Albert Rossellini, e li registrò con un registratore a cassette in modo che potessero essere analizzati dalla squadra di Evans. Quando questo si seppe, ne seguì un piccolo scandalo, perché Bundy si era spacciato per uno studente. Dopo che Evans fu rieletto, Bundy fu nominato da Ross Davis, il presidente del partito repubblicano a Washington, nel comitato consultivo per la prevenzione del crimine. Scrisse articoli per la newsletter, partecipò alle riunioni e condusse ricerche sul crimine dei colletti bianchi e sulla prevenzione degli stupri.

Poi, su raccomandazione dei suoi amici repubblicani, ha ottenuto un lavoro con l'Ufficio di pianificazione della legge e della giustizia di King County. Qui si impegnò nella ricerca sulla recidiva tra i criminali. Durante questa ricerca, scoprì come le varie giurisdizioni e i dipartimenti di polizia lavoravano male insieme e vide anche che molti crimini non portavano a processi. Sia Evans che Davis scrissero elogi per Bundy quando fece domanda all'Università di Puget Sound (UPS) e all'Università dello Utah per la scuola di legge. Tuttavia, Marlin Vortman, un amico repubblicano di Bundy, gli consigliò di studiare legge principalmente a Washington perché lo avrebbe messo in contatto con gli avvocati locali e sarebbe stato importante per le sue ambizioni politiche. Fu accettato all'UPS e iniziò gli studi nel 1973.

Poiché aveva un'ossessione per Brooks, cercò di conquistarla di nuovo e le fece visita nel 1973. Lei fu sopraffatta dall'enorme trasformazione che lui aveva subito: era guidato, aveva studiato psicologia e aveva iniziato a studiare legge. La loro relazione sbocciò di nuovo e allo stesso tempo lui mantenne la sua relazione con Kendall. Nessuna delle due donne sapeva dell'esistenza dell'altra. Nel frattempo, lo studio della legge si rivelò molto deludente per Bundy e si presentò meno all'università. La Brooks volò più volte a Seattle per visitare Bundy, e ad un raduno politico la presentò a Ross Davis come sua fidanzata. Quando Kendall andò a trovare i suoi genitori nello Utah con sua figlia verso Natale, Brooks rimase di nuovo con lui a Seattle. In quel periodo Bundy stava a casa di Marlin Vortman, che era in vacanza alle Hawaii con sua moglie. Ormai si parlava già di matrimonio.

All'inizio del 1974, improvvisamente smise di chiamare. Quando Brooks riuscì a raggiungerlo dopo diverse settimane, chiese con rabbia cosa stesse facendo. Bundy rispose che non sapeva di cosa stesse parlando, interruppe la connessione e Brooks non lo sentì più. Più tardi, Bundy avrebbe detto a proposito di questa svolta degli eventi che voleva provare a se stesso che avrebbe potuto davvero sposarla. Tuttavia, Brooks concluse a posteriori che Bundy doveva aver pianificato la rinnovata relazione con lei e la rottura per vendicarsi di lei per averlo scaricato anni prima. Poco tempo dopo, Bundy lasciò il college.

I primi omicidi di Ted Bundy

Non si sa quando esattamente Bundy sia diventato un assassino. Fu attivo come guardone per molti anni e si sospetta che abbia fatto la sua prima vittima già nel 1961. In diverse interviste ha affermato di aver ucciso nel 1969, 1972 e 1973. I primi omicidi che finalmente possono essere concretamente attribuiti a lui furono commessi nel 1974.

All'inizio di gennaio 1974, la studentessa di Seattle Joni Lenz (pseudonimo) fu aggredita nel sonno, picchiata gravemente e lasciata per morta. Sopravvisse all'attacco ma rimase in coma per un certo periodo e alla fine subì danni cerebrali. A partire dal febbraio 1974, giovani donne cominciarono a scomparire nello Stato di Washington, circa una al mese. Il 1 febbraio, Lynda Healy sembra essere stata rapita dal suo dormitorio di Seattle di notte. C'era una macchia di sangue sulla sua biancheria da letto e la sua camicia da notte era appesa nel suo armadio macchiata di sangue.

Dato che anche i suoi vestiti erano spariti, la polizia inizialmente pensò che avesse avuto un'emorragia nasale e se ne andò a cercare aiuto. Tuttavia, quando si è scoperto che una porta esterna era stata lasciata aperta, la polizia ha sospettato che fosse stata rapita.

Le compagne di stanza di Healy non osavano più stare nel dormitorio.A Olympia il 12 marzo, Donna Manson doveva assistere a un concerto jazz nel campus dell'Evergreen State College ma non è arrivata. Susan Rancourt, una studentessa del Central Washington State College di Ellensburg, doveva vedere un film tedesco con un'amica il 17 aprile. Tuttavia, non si è presentata. A Corvallis, Oregon, Kathy Parks è scomparsa il 6 maggio senza lasciare traccia dalla Oregon State University. La polizia inizialmente aveva poche piste e le prove concrete erano poche. Tuttavia, c'erano delle somiglianze impressionanti: le donne scomparse erano studentesse universitarie, le sparizioni avvenivano di solito di notte sul suolo universitario, e una caratteristica notevole era che le donne portavano i capelli con una riga centrale. Nonostante la mancanza di buone piste, ci sono stati rapporti di studentesse che sono state avvicinate da un uomo con il braccio fasciato o che camminava con le stampelle e una gamba ingessata. Ha chiesto loro di aiutarlo a portare alcuni libri alla sua auto (un maggiolino Volkswagen). Una studentessa ha riferito che aveva uno strano sguardo negli occhi che la spaventava.

A giugno, ci sono state di nuovo delle persone scomparse: Brenda Ball è stata vista per l'ultima volta il 1° giugno in un bar di Burien, dove si trovava nel parcheggio a parlare con un uomo che indossava una fascia. Georgann Hawkins ha camminato verso la sua stanza nel campus dell'Università di Washington intorno all'una di notte dell'11 giugno dopo una festa di una confraternita ed è scomparsa senza lasciare traccia.

Le sparizioni causarono un'enorme agitazione e panico. Ci fu un notevole calo del numero di autostoppisti e le donne presero ulteriori precauzioni. Per esempio, non uscivano per le strade da sole di notte. Molte donne cambiarono la loro acconciatura per evitare di incontrare la descrizione delle donne scomparse.

Bundy lavorava al DES di Washington, il Dipartimento per i Servizi di Emergenza, durante questo periodo. Ironicamente, questa organizzazione era coinvolta nella ricerca delle donne scomparse. Lì lavorava anche

Carole Ann Boone, che frequentava regolarmente e che avrebbe avuto un ruolo importante più tardi nella sua vita.

Domenica 14 luglio 1974, faceva molto caldo e molte persone stavano visitando il Lake Sammamish State Park, un'area ricreativa vicino a Issaquah, quel giorno. Una giovane donna fu avvicinata da un uomo con il braccio fasciato. Le ha chiesto aiuto per scaricare una barca a vela. La donna ha camminato con lui, ma una volta alla sua auto, la barca a vela è stata trovata mancante. Lui disse allora che era a casa dei suoi genitori "più in alto sulla collina". La donna ha indicato che i suoi amici la stavano aspettando e che non aveva tempo. Lui ha risposto in modo estremamente gentile e si è anche scusato per non averle detto che la barca non era alla sua macchina. Janice Ott aveva appena iniziato a prendere il sole quando fu avvicinata dallo stesso uomo che le chiese aiuto per scaricare la sua barca a vela. Parlarono per un po' e quando lei si presentò usando il nome Jan, lui rispose dicendo di chiamarsi Ted. Quando lui le disse che la barca a vela era a casa dei suoi genitori a Issaquah, lei rispose spontaneamente dicendo che lei stessa viveva lì. Ha raccolto le sue cose e si è incamminata con lui. Ott non fu più visto vivo. Poche ore dopo, Denise Naslund, che si trovava nel parco con un gruppo di amici scomparve senza lasciare traccia dopo aver visitato la toilette. Quando non tornò dai suoi amici, essi stessi cercarono nel parco per ore. Poi hanno allertato la polizia.

Le sparizioni nel lago Sammamish hanno ricevuto l'attenzione dei media e la polizia ha ricevuto per la prima volta informazioni molto utili dai testimoni. Diverse donne sembravano essere state avvicinate da lui. Hanno descritto un bell'uomo in abiti bianchi con i capelli scuri e il suo braccio in una fascia. Una testimone descrisse il suo accento come canadese o britannico e un'altra testimone aveva sentito che si era presentato a Janice Ott come "Ted". Inoltre, un testimone ha riferito che l'uomo possedeva un maggiolino Volkswagen.

Quando queste informazioni divennero pubbliche e fu mostrato anche un identikit, arrivarono 200 suggerimenti al giorno. Una di queste soffiate riguardava un certo Ted Bundy. Liz Kendall, Ann Rule, un professore dell'università dove Bundy aveva studiato e un collega del DES avevano tutti passato il nome di Bundy. La Kendall aveva persino fornito delle foto di lui alla polizia. Quando la polizia indagò su Bundy, nulla indicava che fosse il "Ted" ricercato: uno studente di legge senza precedenti penali (da adulto) non era considerato un sospetto e la polizia si concentrò su altre persone più ovvie.

Al suo lavoro al DES, Bundy dovette affrontare le prese in giro dei suoi colleghi che gli dissero che assomigliava molto all'identikit. Tuttavia, nessuno sospettava più nulla.

All'inizio di agosto, Carol Valenzuela è stata vista per l'ultima volta in un ufficio sociale a Vancouver, Washington.

L'ufficiale Robert Keppel era a Seattle incaricato di indagare sugli omicidi. Si sarebbe occupato degli "omicidi Ted" per anni e scrisse due libri su di essi. L'indagine fu complicata dal fatto che le sparizioni a Washington erano avvenute in diverse aree legali, quindi più forze di polizia furono coinvolte nell'indagine. Anche se Keppel era inizialmente scettico sul fatto che un unico colpevole fosse responsabile delle sparizioni, lui e i suoi colleghi mapparono attentamente tutte le sparizioni. Le somiglianze tra i casi erano inconfondibili e così fu fatto ogni sforzo per trovare l'uomo.

In parte su sollecitazione di Liz Kendall, Bundy si trasferì nello Utah nell'agosto 1974 per continuare i suoi studi di legge all'Università di Salt Lake City. Poiché lei era di quello stato e gran parte della sua famiglia viveva lì, sperava di poter vivere con Bundy nello Utah. Lo lasciò andare con un sospiro di sollievo perché sapeva che non le era stato fedele e temeva giustamente che lui avrebbe ristabilito relazioni con donne nello Utah.

All'inizio di settembre 1974, due cacciatori a diverse miglia dal Lake Sammamish State Park trovarono un cranio e altre ossa come una gabbia toracica Trovarono anche ciocche di capelli neri. L'esame forense rivelò che i resti appartenevano a Ott e Naslund. Fu trovata anche una vertebra che indicava una terza vittima. Solo anni dopo Bundy ci avrebbe detto che quella vittima era Georgann Hawkins.

La partenza di Bundy mise fine agli omicidi a Washington. Nello Utah, tuttavia, le donne furono presto dichiarate scomparse. Per esempio, Nancy Wilcox scomparve successivamente il 2 ottobre a Holladay, Melissa Smith (la figlia del capo della polizia di Midvale Louis Smith) il 18 ottobre, e Laura Aime il 31 ottobre a Lehi. Il corpo di Wilcox non fu mai trovato. Smith fu trovato dopo nove giorni e Aime dopo quasi un mese. Le indagini rivelarono che Smith era stato tenuto in vita fino a sette giorni dopo la sua scomparsa. Entrambi i corpi mostravano segni di forza bruta con un oggetto contundente, stupro e c'erano anche tracce di strangolamento. Sul viso della Smith è stato trovato del trucco che non aveva mai usato e i capelli di Aime sembravano essere stati lavati.

L'8 novembre, Carol DaRonch è stata avvicinata al centro commerciale Fashion Place di Murray da un uomo ben vestito con i baffi che si è presentato come agente Roseland. Le chiese il numero di targa della sua auto e disse che qualcuno aveva cercato di scassinare la sua auto. Lei camminò con lui ma alla sua macchina tutto era a posto. Roseland le chiese se voleva andare con lui alla stazione per un'accusa ufficiale perché il suo collega aveva arrestato un sospetto. DaRonch chiese allora dei documenti di identificazione, al che l'uomo le mostrò in un lampo un distintivo d'oro. È salita in macchina con lui, un maggiolino Volkswagen. Anche se trovò strano che lui non stesse guidando un'auto della polizia, pensò che potesse essere sotto copertura o fuori servizio. Presto notò che non stava guidando verso la stazione di polizia e commentò la cosa.

Improvvisamente si fermò, le afferrò il braccio e le mise una manetta al polso. In preda al panico lei si difese e nella lotta il secondo anello della manetta si bloccò sullo stesso polso. Prima che lui potesse sfondarle il cranio con un piede di porco, lei riuscì ad aprire la porta dell'auto e si lasciò cadere fuori dall'auto.

Lei è scappata via completamente sconvolta, a quel punto il maggiolino si è subito allontanato. DaRonch fermò una macchina e lei fu portata alla polizia dagli occupanti. L'agente Roseland ovviamente non era conosciuta dalla polizia. DaRonch diede delle descrizioni chiare e le sue informazioni si rivelarono molto preziose. Una macchia di sangue fu trovata sui suoi vestiti. La DaRonch stessa aveva il gruppo sanguigno A-positivo, ma il sangue sui suoi vestiti risultò essere di gruppo O. Più tardi, fu scoperto che Bundy aveva lo stesso gruppo sanguigno.

Tuttavia, Bundy era ancora alla ricerca di una vittima dopo il fallito tentativo di rapimento di DaRonch. Più tardi, quella notte, arrivò in una scuola superiore di Bountiful. Lì si stava tenendo uno spettacolo teatrale e lui cercò di attirare diverse studentesse e un'insegnante, probabilmente di nuovo con la scusa di essere un agente di polizia. Tutti rifiutarono.

Debby Kent era con i suoi genitori allo spettacolo che era un po' in ritardo. Ha lasciato la scuola per prendere la macchina per andare a prendere suo fratello alla pista di pattinaggio. È scomparsa dal parcheggio ma la macchina era ancora al suo posto. Quando la polizia allertata ha indagato sul posto ha trovato la chiave di un set di manette. Quella chiave sembrava corrispondere alle manette che DaRonch aveva indossato. Un testimone ha riferito di aver visto un Maggiolino allontanarsi dal parcheggio ad alta velocità. Diversi testimoni hanno riferito di aver sentito qualcuno urlare nel parcheggio.

Quando Liz Kendall ha letto degli eventi nello Utah ha deciso di informare la polizia di Salt Lake City sul suo amico. A quel tempo, tra l'altro, Bundy era già sul radar delle autorità di Seattle.

Per esempio, le indagini avevano rivelato che aveva frequentato gli stessi corsi al college di Lynda Healy e inoltre entrambi erano stati nello stesso negozio poco dopo l'altro, portando alla conclusione che potrebbe averla seguita prima di colpire. Il nome di Bundy era venuto fuori anche in un altro caso di persona scomparsa: Bundy aveva visitato un amico nel campus dove Susan Rancourt era scomparsa.

Quella visita si è rivelata essere stata una settimana prima della sua scomparsa, e si è scoperto in seguito che uno studente aveva incontrato un uomo nello stesso periodo che aveva bisogno del suo aiuto per portare alcuni libri alla sua auto. È stato ulteriormente esaminato.

Nel 1975, Bundy spostò il suo campo d'azione in Colorado e Idaho. Il 12 gennaio, Caryn Campbell, un'infermiera del Michigan, era in vacanza sugli sci ad Aspen quando scomparve. Il suo corpo fu trovato un mese dopo. Il suo cranio era stato fracassato e si sospettava che fosse stata violentata. Il 15 marzo, ha colpito a Vail, dove ha rapito Julie Cunningham, un istruttore di sci.

Meno di un mese dopo, Denise Oliverson di Grand Junction è andata a trovare i suoi genitori in bicicletta dopo una discussione con suo marito, ma non è mai arrivata. La sua bicicletta e i suoi sandali sono stati poi ritrovati sotto un cavalcavia. Il 6 maggio, Lynette Culver fu rapita a Pocatello, Idaho, vicino alla sua scuola. Susan Curtis scomparve da una conferenza a Provo il 28 giugno. I corpi di Cunningham, Oliverson, Culver e Curtis non furono mai recuperati.

A Washington, tuttavia, la polizia era ancora impegnata nelle indagini sulle sparizioni. Nel marzo 1975, diversi teschi furono trovati sulla Taylor Mountain vicino a Seattle. Dopo un esame, le loro identità poterono essere determinate: erano gli scomparsi Healy, Rancourt, Ball e Parks. Sui crani erano visibili tracce di forza bruta. L'indagine stabilì che i teschi dovevano essere stati lasciati lì più o meno nello stesso momento. L'assassino aveva apparentemente conservato i teschi da qualche parte.

Poiché la polizia di Washington voleva organizzare l'enorme quantità di indizi e informazioni, Keppel suggerì di usare un computer. Il computer disponibile (rispetto ad ora un enorme dispositivo con nastri magnetici) era normalmente usato per il libro paga. Le liste di persone sospette venivano compilate in varie categorie. Per esempio, c'erano liste di nomi di conoscenti delle vittime, persone chiamate "Ted", proprietari di maggiolini Volkswagen, criminali sessuali, e innumerevoli altre informazioni.

Facendo passare tutte quelle liste attraverso il computer e facendole cercare delle somiglianze, il numero di sospetti è stato ridotto da 3.000 a 200 e poi a 25. Fu controllato per vedere quali individui apparivano in più di una lista. Ted Bundy appariva in quattro liste, quindi sarebbe stata solo una questione di tempo prima che la polizia si concentrasse su di lui. Poco dopo arrivarono notizie dallo Utah: Bundy sembrava essere stato arrestato.

Arresto, processo e fughe

Il 16 agosto 1975, un agente vide un maggiolino Volkswagen parcheggiato sul ciglio della strada in un sobborgo di Salt Lake City intorno alle 2:30 del mattino. Quando volle parlare con l'autista, quest'ultimo se ne andò a luci spente. Dopo un breve inseguimento, il maggiolino si è finalmente fermato a una stazione di servizio. L'ufficiale ha chiesto al conducente la sua patente di guida. Risultò essere a nome di Theodore Robert Bundy.

Quando gli fu chiesto perché fosse scappato, Bundy rispose che fumava marijuana e aveva paura di essere arrestato. L'ufficiale chiese cosa ci facesse in strada a quell'ora e Bundy gli rispose che era stato al cinema e aveva visto The Towering Inferno. L'ufficiale si insospettì perché sapeva che lì venivano proiettati solo film western e chiese il permesso di perquisire il Maggiolino. Notò che al maggiolino di Bundy mancava il sedile del passeggero. Nell'auto trovò sacchetti di plastica, corda, un piede di porco, un rompighiaccio, guanti, manette e una maschera fatta di calze di nylon con spioncini. Durante l'interrogatorio, Bundy spiegò con calma che aveva usato la maschera mentre sciava, le manette erano state trovate in un cassonetto e il resto erano "solo oggetti per la casa".

Tuttavia, l'ufficiale credeva che fossero attrezzi da scasso. Ha preso Bundy in custodia per sospetto di fuga dalla polizia e possesso di attrezzi da scasso. È stato portato alla stazione, fotografato e registrato. Gli fu poi permesso di andarsene a condizione che si tenesse a disposizione per ulteriori interrogatori. Il giorno dopo un detective riprese l'indagine. Collegò il maggiolino e le manette trovate al mancato rapimento di DaRonch.

Il nome Bundy gli era familiare, dato che quel nome appariva in un rapporto da Washington. Bundy fu formalmente arrestato qualche giorno dopo con l'accusa di possesso di attrezzi da scasso e di aver tentato di fuggire dalla polizia. Fu interrogato a lungo. Si comportò con estrema calma e sembrò trovare l'intera situazione piuttosto divertente. Quando gli fu presentato un documento che chiedeva il permesso di perquisire la sua casa, lo firmò prontamente. Gli fu poi permesso di lasciare l'ufficio.

A DaRonch è stato mostrato un gran numero di fotografie. Tra queste ce n'erano diverse di Bundy. Anche se inizialmente aveva dei dubbi, tirò fuori la foto di Bundy notando che mancavano i baffi.

Quando la casa di Bundy fu perquisita, la polizia trovò opuscoli di stazioni sciistiche in Colorado e trovò anche una mappa che segnava l'hotel dove Caryn Campbell era scomparsa. Trovarono anche un volantino che annunciava la recita scolastica dell'8 novembre 1974 a Bountiful. Bundy avrebbe detto in seguito che teneva delle foto Polaroid delle sue vittime in un armadietto di lavoro e che queste non erano state trovate durante la ricerca. Dopo la fine della perquisizione, distrusse quelle foto.

Bundy fu osservato e gli agenti lo videro pulire a fondo il suo maggiolino. A settembre, ha venduto la sua auto a un adolescente, casualmente un compagno di classe di Melissa Smith. La polizia sequestrò in seguito l'auto e la smontò completamente per un esame forense. Furono trovate tracce di sangue. Hanno anche trovato un capello nel bagagliaio che poi è risultato appartenere a Caryn Campbell. Inoltre, la polizia ha trovato un pelo pubico appartenente a Melissa Smith.

Liz Kendall è stata intervistata a lungo dagli agenti dell'Utah a Washington a settembre sulla sua relazione con Bundy. Disse loro che lui dormiva spesso durante il giorno e usciva regolarmente di notte. Aveva trovato in casa oggetti che "non capiva": materiali per ingessare, stampelle e persino una borsa di vestiti da donna. Ha anche indicato che lui aveva idee sessuali bizzarre. Per esempio, le chiese se voleva fare sesso anale, cosa che lei rifiutò con orrore. Tuttavia, gli ha permesso di legarla diverse volte. Ha anche raccontato di essersi svegliata una notte e di aver notato Bundy che studiava il suo corpo con una torcia sotto le coperte. Si accorse anche che Bundy possedeva ogni genere di cose che non poteva permettersi con i suoi mezzi finanziari.

Quando lei disse qualcosa al riguardo, lui minacciò di romperle il collo se lei lo avesse detto ad altri. Lui si arrabbiò molto quando lei una volta le suggerì di tagliarsi i capelli (che portava con una riga centrale). La conversazione rivelò anche che Bundy non era con lei le notti in cui gli studenti universitari scomparvero a Washington. La Kendall fu poi interrogata di nuovo e venne informata della relazione di Bundy con Stephanie Brooks nel 1973.

Il 2 ottobre, Bundy è stato convocato per presentarsi ad un confronto di Oslo (alias lineup). Gli agenti rimasero stupiti quando lo videro: Bundy era stato dal parrucchiere e portava i capelli completamente diversi, rendendolo quasi irriconoscibile. L'aveva fatto per depistare i testimoni. Fu messo in fila tra altri uomini dove furono mostrati di fronte e di lato. Dovevano anche recitare alcune righe di testo. Bundy era settimo nella fila. Carol DaRonch era presente così come diversi testimoni che avevano visto Bundy alla rappresentazione scolastica a Bountiful. A tutti fu chiesto di scrivere il numero del sospetto e tutti annotarono il numero sette.

Dopo questa identificazione, Bundy fu informato di essere stato riconosciuto, il che lo sconvolse molto. Fu quindi formalmente arrestato e detenuto. La cauzione fu fissata a 100.000 dollari, ma in seguito fu ridotta a 15.000 dollari. Ora fu costruito un caso criminale contro di lui per il tentato rapimento e l'omicidio di DaRonch. A causa della mancanza di prove, l'accusa di tentato omicidio alla fine dovette essere ritirata.

L'arresto di Bundy, nel frattempo, aveva fatto scalpore a Washington. La gente non poteva immaginare che fosse colpevole e quasi tutti credevano nella sua innocenza. Lo stesso Bundy ha fatto sapere che le molte espressioni di sostegno gli hanno fatto bene e "lo hanno fatto sentire come se avesse davvero realizzato qualcosa nella vita".

A novembre Bundy è stato rilasciato su cauzione dopo che i suoi genitori hanno pagato la cauzione di 15.000 dollari. Nel periodo precedente l'inizio del processo, Bundy visse con Liz Kendall mentre la polizia lo osservava. La Kendall scrisse in seguito nel suo libro The Phantom Prince sulla sua relazione con Bundy che all'epoca era praticamente impossibile per loro uscire dalla porta perché c'erano "così tante macchine della polizia civile in partenza che era come se stesse iniziando la corsa Indy 500".

A novembre, i principali funzionari di polizia che lavoravano al caso Bundy (Robert Keppel di Washington, Jerry Thompson dello Utah e Mike Fisher del Colorado) si sono incontrati ad Aspen con una squadra di trenta investigatori e procuratori di cinque stati. In questa riunione, conosciuta in seguito come Aspen Summit, si scambiarono ampiamente informazioni e giunsero collettivamente alla conclusione che Bundy era l'uomo che stavano cercando. Allo stesso tempo, hanno dovuto riconoscere che le accuse contro di lui richiedevano prove molto più concrete.

Il processo iniziò il 23 febbraio 1976. Su consiglio dell'avvocato di Bundy, John O'Connell, fu richiesto un processo senza giuria, dato che il caso aveva ricevuto molta pubblicità. DaRonch fu duramente interrogato, ma indicò Bundy come colpevole. Bundy ammise di aver mentito agli agenti sulle sue attività del 16 agosto 1975, e inoltre non aveva un alibi conclusivo per la sera in cui Carol DaRonch fu quasi vittimizzata. Le bugie di Bundy non piacquero al giudice Stewart Hanson. Dopo una settimana fu dichiarato colpevole del tentato rapimento della DaRonch. Nel frattempo fu ordinato a uno psichiatra di esaminare Bundy. Quando quell'esame fu completato, arrivò la sentenza ufficiale: da 1 a 15 anni di prigione con possibilità di rilascio anticipato.

A ottobre Bundy è stato sorpreso tra i cespugli sul terreno della prigione. Lì furono trovate mappe, orari di voli aerei e altre informazioni. Sospettato di possedere un cosiddetto "pacchetto per la fuga", fu rinchiuso in segregazione per diverse settimane. Il 22 ottobre Bundy è stato ufficialmente accusato dell'omicidio di Caryn Campbell in Colorado.

L'accusa si basava (in parte) sui capelli della Campbell trovati nell'auto di Bundy. Bundy voleva difendersi in questo caso. Per evitare l'estradizione in Colorado, inizialmente presentò una protesta legale ma poi la ritirò. Nel gennaio 1977 fu estradato in Colorado e trasferito a Glenwood Springs.

Bundy, tuttavia, aveva dei piani di fuga. Durante le udienze preliminari al tribunale di Aspen, ha notato che le finestre del secondo piano erano sempre aperte con il bel tempo. Per prepararsi a un tentativo di evasione, si allenava le caviglie facendo pratica di salti nella sua cella. Il 7 giugno 1977, Bundy fu portato nella biblioteca del tribunale da un ufficiale durante una pausa di un'udienza, su sua richiesta, per poter consultare alcuni libri di legge. Aspettò che l'ufficiale che stava fumando nel corridoio non prestasse attenzione. Poi saltò giù dalla finestra del secondo piano e fuggì. Nel salto si è ammaccato la caviglia. Tuttavia, il suo salto è stato visto da un testimone che ha immediatamente dato l'allarme.

L'area è stata immediatamente transennata e una vasta ricerca è stata condotta per giorni. La fuga portò a molte critiche nei confronti della magistratura ma fu anche oggetto di scherzi scherzosi. Nei fast food si poteva ordinare un Bundyburger, un hamburger senza carne. La gente andava in giro con magliette con scritte come "Bundy è libero, puoi scommetterci la tua Aspen" e "Bundy vive nelle Montagne Rocciose". Gli autostoppisti mettevano anche il testo 'I'm not Bundy' sul loro cartello con la destinazione desiderata.

Bundy, nonostante le ricerche estese e i blocchi stradali, è rimasto in libertà per quasi una settimana. Ha vagato per Aspen Mountain e ha mancato due strade di montagna che portavano a Crested Butte, la sua destinazione. Ha fatto irruzione nelle baite di montagna e vi ha rubato del cibo. Si è persino imbattuto in un membro armato di una squadra di ricerca che lo stava cercando, ma è riuscito a scappare con una scusa. Finalmente tornò ad Aspen il 13 giugno, ormai stanco per la mancanza di sonno e ostacolato dalla sua caviglia. Ha rubato un'auto ma è stato fermato a causa delle sue vistose deviazioni alla guida.

Una volta tornato in cella, Bundy cominciò a preparare un'altra fuga. Riuscì ad accumulare 500 dollari, portati in parte da un amico e in parte donati da amici intimi che credevano che il denaro gli avrebbe permesso di ottenere una buona consulenza legale. Tramite un compagno di prigionia riuscì ad ottenere un seghetto. La lampada nella cella di Bundy aveva una saldatura debole e Bundy cominciò a segarla per entrare nell'intercapedine sovrastante. Allo stesso tempo, iniziò a cambiare la sua dieta. Cominciò a perdere peso e alla fine perse circa 16 chili. Alla fine riuscì ad entrare nell'intercapedine e cominciò immediatamente a cercare un modo per scappare. I compagni di prigionia hanno riferito di rumori nell'intercapedine, ma nessuno si è preoccupato di indagare ulteriormente.

Alla fine del 1977, a Bundy fu detto che il primo giorno del processo nel caso Campbell si sarebbe tenuto il 9 gennaio 1978. Anche se inizialmente era stato concordato che non sarebbe stata chiesta la condanna a morte nel caso Campbell, fu annunciato che sarebbe stato trasferito per l'udienza a Colorado Springs, dove i processi spesso si concludevano con una condanna a morte. Il 30 dicembre, ha infilato libri e altro materiale sotto la sua coperta per dare l'impressione che stesse solo dormendo. Si dimenò attraverso l'apertura nel soffitto della sua cella e strisciò nell'intercapedine. La casa della guardia Robert Morrison era proprio accanto alla prigione e Bundy riuscì ad entrare in casa attraverso il soffitto. Morrison e sua moglie erano fuori quella notte. In ogni caso, la sorveglianza della prigione era minore durante il periodo natalizio perché molte guardie avevano tempo libero e alcuni detenuti avevano le ferie di Natale.

Bundy si cambiò i vestiti a casa di Morrison e se ne andò. Faceva molto freddo e c'era una tempesta di neve. Bundy rubò una macchina ma presto ebbe dei problemi. Un automobilista gli diede un passaggio fino a Vail e lì Bundy prese un autobus per Denver. A Denver comprò un biglietto per il volo TWA delle 8:55 per Chicago.

La fuga di Bundy è stata scoperta tardi. Poiché ha saltato la colazione nelle settimane precedenti la fuga, le guardie non hanno scoperto che era scomparso fino a circa mezzogiorno, 17 ore dopo la sua fuga. A quell'ora Bundy era già a Chicago.

Florida: gli ultimi omicidi e il riarresto

Da Chicago, Bundy viaggiò in treno fino ad Ann Arbor, Michigan. Tuttavia, trovò troppo freddo, così rubò una macchina. Così riuscì ad arrivare in Georgia, dove lasciò l'auto in una baracca. Prese l'autobus e arrivò a Tallahassee, in Florida, l'8 gennaio 1978.

Usando il nome "Chris Hagen", affittò una stanza in un dormitorio. Aveva deciso di mantenere un basso profilo e se avesse trovato un lavoro avrebbe potuto guadagnarsi da vivere normalmente, dato che non era molto conosciuto in Florida. Quando chiese lavoro in un cantiere, gli fu chiesto un documento d'identità, cosa che non aveva con sé. Bundy cominciò a rubare (di nuovo), entrando in possesso di diverse carte di credito e carte d'identità.

Anche se voleva agire senza dare nell'occhio, le sue tendenze omicide tornarono in piena forza. La notte tra il 14 e il 15 gennaio, entrò con la forza nel dormitorio dell'Unione degli Studenti Chi Omega e andò di stanza in stanza armato di una mazza. Margaret Bowman e Lisa Levy furono gravemente picchiate e strangolate. Bundy morse la Levy nella natica e l'autopsia rivelò che un capezzolo era stato quasi completamente strappato. Era stata anche violentata con una bomboletta di lacca per capelli.

Bowman fu picchiato così duramente che il medico legale non poteva determinare dove finiva una frattura del cranio e iniziava un'altra. Altre due studentesse del college, Karen Chandler e Kathy Kleiner, hanno subito gravi ferite. Sono sopravvissute perché Bundy è fuggito quando ha sentito uno studente tornare a casa. Questa studentessa lo vide fuggire. Bundy entrò di nuovo con la forza in una casa a pochi isolati di distanza e attaccò la studentessa Cheryl Thomas.

Due studentesse che vivevano accanto a Thomas furono svegliate dal rumore e cercarono di chiamare Thomas. Bundy è fuggito quando ha sentito squillare il telefono in casa di Thomas. Quando lei non rispose e si sentirono dei gemiti, le studentesse allertarono la polizia che arrivò rapidamente sulla scena. A Thomas furono riscontrate diverse fratture al cranio e sarebbe diventata sorda da un orecchio in seguito all'aggressione. Ha anche dovuto interrompere il suo allenamento di danza perché ha sofferto di disturbi dell'equilibrio a causa dell'attacco.

L'8 febbraio, Bundy andò a Jacksonville con un furgone rubato e parlò con la 14enne Leslie Parmenter. Stava tornando a casa e doveva essere prelevata da suo fratello. Fingendosi il vigile del fuoco Richard Burton, le chiese dove andava a scuola. Lei notò che lui era molto nervoso. Si chiese perché volesse saperlo. In quel momento il fratello arrivò in macchina e chiese immediatamente cosa volesse l'uomo. Bundy balbettò delle scuse e corse via in fretta. Il fratello di Leslie scrisse il numero di targa di Bundy e lo passò al padre, che era un poliziotto e se ne occupò immediatamente. Bundy lasciò Jacksonville e guidò ad ovest verso Lake City.

Il 9 febbraio, Bundy rapì una bambina di 12 anni, Kimberly Leach, dalla sua scuola a Lake City e la uccise. Sarebbe stata la sua ultima vittima. Bundy lasciò Tallahassee il 12 febbraio in un maggiolino arancione rubato e fuggì. Il 15 febbraio 1978 fu avvistato a Pensacola mentre si fermava in un ristorante chiuso. Quando l'ufficiale David Lee chiese il numero di targa dell'auto, risultò che l'auto era stata rubata. Al suo arresto, Bundy tentò di fuggire. Dopo un breve inseguimento durante il quale Lee ha sparato dei colpi di avvertimento, ne è seguita una lotta. Lee riuscì a sopraffarlo poco dopo. Nel maggiolino furono trovate 21 carte di credito, 3 set di carte d'identità e un televisore. Furono trovati anche i vestiti che Bundy indossava durante il fallito tentativo di rapimento a Jacksonville. Quando Lee aveva sopraffatto il suo arrestato, sentì Bundy dire "Vorrei che mi avessi sparato". Pochi istanti dopo, chiese se gli avrebbero sparato se avesse cercato di fuggire in prigione. Inoltre, indicò che Lee sarebbe stato sicuramente promosso con il suo arresto.

Inizialmente Bundy si spacciò per Kenneth Raymond Misner, di cui aveva la carta d'identità. Quando il vero Misner ha saputo che sarebbe stato arrestato ha fatto rapporto alla polizia. Bundy ha poi cambiato il suo nome in John Doe, che è il nome standard negli Stati Uniti per gli individui maschi non identificati. Dopo alcuni giorni, ha rivelato la sua vera identità dopo essersi consultato con un avvocato. Anche se il nome Bundy all'inizio diceva poco agli agenti, questo cambiò quando si scoprì che era sulla lista dei dieci criminali più ricercati dell'FBI.

Dopo il suo arresto, le carte di credito furono usate per trovare un collegamento con Tallahassee e Lake City, così Bundy divenne un sospettato nei casi di omicidio della casa della confraternita Chi Omega e della scomparsa di Kimberly Leach. Così fu costruito un ampio caso criminale contro Bundy. Il corpo di Leach fu trovato nel Suwannee State Park nell'aprile 1978. Tracce di Bundy furono trovate sul luogo del ritrovamento.

I processi a Miami e Orlando

Poiché una condanna non era scontata, l'accusa offrì a Bundy un accordo nel maggio 1979: se avesse confessato gli omicidi di Levy e Bowman e di Leach, avrebbe ricevuto 75 anni di prigione senza possibilità di libertà condizionata. All'inizio l'accordo piacque a Bundy. Se avesse accettato l'accordo avrebbe potuto aspettare che i testimoni ritrattassero le loro dichiarazioni e aspettare che le prove andassero perse per poi chiedere la riapertura del caso. Ma all'ultimo minuto ha rifiutato l'offerta. L'avvocato Mike Minerva ha detto che Bundy avrebbe dovuto ammettere la sua colpevolezza, cosa che non poteva o non voleva fare.

Il 25 giugno 1979 iniziò il processo a Miami. Bundy che, nonostante la presenza di diversi avvocati, scelse di nuovo di difendersi da solo, era riuscito a far spostare il processo a causa della quantità di pubblicità a Tallahassee e dintorni.

Il processo di Bundy è stato uno dei primi ad essere trasmesso in televisione e la copertura mediatica è stata travolgente. L'aula era gremita e tra i presenti c'erano i genitori di Bundy e Ann Rule. Bundy godeva di tutta l'attenzione e divenne un fenomeno mediatico grazie al suo carisma e al suo bell'aspetto. Ha stabilito un contatto visivo con molte ammiratrici che hanno lottato per un posto in tribunale, per così dire. Rule avrebbe detto in seguito che quelle donne non si rendevano conto che avrebbero potuto essere sue vittime se le avesse incontrate durante la sua caccia alle donne. Bundy era sicuro che sarebbe stato assolto e interpretò con convinzione il ruolo del proprio avvocato.

Diversi testimoni si sono fatti avanti per parlare. La studentessa Nita Neary, che lo aveva visto fuggire dal dormitorio Chi Omega, lo identificò come un sospetto. Altre studentesse hanno raccontato di aver visto Bundy il 14 gennaio 1978, poche ore prima degli omicidi allo Sherrod's, un bar proprio accanto alla casa Chi Omega. Una studentessa disse di aver ballato con lui ma di averlo trovato inquietante e che sembrava "un galeotto".

I segni dei morsi sulla natica di Lisa Levy si rivelarono cruciali come prova. Due esperti dentali, Richard Souviron e Lowell Levine, avevano fatto dei calchi in gesso dei denti di Bundy per conto dell'accusa e questi furono confrontati tramite fogli trasparenti con le impronte sulla natica della Levy. Risultarono corrispondere.

Anche se Bundy non aveva l'aspetto di un maniaco omicida, l'aula ha avuto un assaggio del Bundy assassino. Quando Bundy interrogò l'agente Ray Crew e gli chiese di raccontare in dettaglio ciò che aveva visto quando aveva scoperto il corpo di Levy, il pubblico vide come Bundy si stava divertendo.

Alla fine di luglio 1979 fu fissata la sentenza. La giuria lo dichiarò colpevole di due capi d'accusa per omicidio e tre capi d'accusa per tentato omicidio. Il giudice Edward Cowart pronunciò la pena di morte (tramite sedia elettrica) in un'udienza separata. Anche lui ha dovuto riconoscere di essere rimasto colpito da Bundy: "Saresti stato un buon avvocato e mi sarebbe piaciuto vederti lavorare qui al mio bar. Tuttavia, hai preso una strada diversa. Abbi cura di te e voglio che tu sappia che non ho nulla contro di te".

Nel gennaio 1980, Bundy comparve di nuovo in tribunale, questa volta a Orlando, dove fu processato per l'omicidio di Kimberly Leach. In questo caso c'erano sufficienti prove forensi per farlo condannare. Bundy ha usato una vecchia legge durante il caso che rende lo scambio di voti nuziali in un tribunale un matrimonio valido. Bundy chiese a Carole Boone di sposarlo quando fu chiamata come testimone. La Boone è stata per anni la più fedele sostenitrice di Bundy ed è entrata in scena come sua fidanzata quando Liz Kendall ha interrotto la sua relazione con Bundy nel 1976 durante la sua prigionia nello Utah. Lei accettò la sua proposta di matrimonio. Poiché Bundy dichiarò che l'avrebbe sposata, il matrimonio divenne ufficiale.

Il giudice Wallace Jopling alla fine lo condannò nuovamente a morte. L'esecuzione di questa sentenza lo fece finalmente finire sulla sedia elettrica dopo anni passati nel braccio della morte.

Mentre era nel braccio della morte, Bundy iniziò una battaglia legale contro le sue condanne a morte, impugnando le sentenze o facendo riaprire i casi. Durante una visita di Carole Boone alla prigione, rimase incinta di Bundy e diede alla luce una figlia nel 1982. Nel 1984 ci fu un putiferio quando fu rivelato che una barra della sua cella era stata segata e riattaccata con una sostanza fabbricata con il sapone. A Bundy fu assegnata un'altra cella e i controlli delle celle furono fatti più spesso. In seguito si trovò un altro specchio su di lui. Nel 1984 offrì il suo aiuto alla polizia di Washington nella caccia al cosiddetto Green River Killer. Gli agenti Robert Keppel e Dave Reichert vennero in Florida e parlarono con lui. Più tardi Keppel avrebbe sostenuto che erano venuti in Florida principalmente per vedere se potevano far parlare Bundy delle sue azioni. Il suo aiuto nel rintracciare il Green River Killer non fu cruciale. Fu solo nel 2001 che questo assassino fu arrestato nella persona di Gary Ridgway.

Nel 1984, i parenti di Janice Ott e Denise Naslund chiesero il rilascio dei resti di entrambe le donne che erano stati conservati come prova fino ad allora. Quando si scoprì che i resti erano stati "persi" entrambe le famiglie fecero causa alla polizia. Questo alla fine portò ad un risarcimento.

Gli ordini di esecuzione furono emessi diverse volte in marzo, luglio e novembre 1986, ma Bundy e i suoi avvocati riuscirono a fermarli tutti.

La fine

Nel dicembre 1988 fu emesso un altro ordine di esecuzione. I suoi avvocati cercarono di nuovo, invano, di ottenere una sospensione dell'esecuzione. Quando fu chiaro che Bundy aveva esaurito le opzioni legali per contestare l'esecuzione, fece fare al suo avvocato un appello alle famiglie delle sue vittime: se avessero fatto pressione per una sospensione dell'esecuzione, Bundy avrebbe rivelato tutti i dettagli. Il governatore Robert Martinez ha risposto dicendo "non permetteremo che il sistema giudiziario venga manipolato". Per lui negoziare la sua vita sulle spalle delle sue vittime è spregevole". Le famiglie si sono rifiutate di accogliere la richiesta di Bundy, poiché supponevano che Bundy avesse ucciso i loro figli. Ritenevano che una confessione non fosse necessaria. Il verdetto finale doveva essere eseguito il 24 gennaio 1989, alle 7 del mattino. Quando il suo piano non funzionò, Bundy decise per una confessione completa. Robert Keppel venne in Florida per parlare con Bundy quando gli fu chiesto e registrò numerose confessioni. Bundy parlò anche con l'agente dell'FBI William Hagmeier. Inoltre, Bundy confessò gli omicidi agli agenti di polizia dello Utah e del Colorado. Alla fine furono risolti più di 20 omicidi.

La seguente è una lista degli omicidi e dei tentativi di omicidio che Bundy ha confessato:

Washington:

- *vittima sconosciuta*, 1973
- *Joni Lenz*, 4 gennaio 1974, sopravvissuto all'attacco
- *Lynda Healy*, 1 febbraio 1974
- *Donna Manson*, 12 marzo 1974
- *Susan Rancourt*, 17 aprile 1974
- *Kathy Parks* (rapita dall'Oregon), 6 maggio 1974
- *Brenda Ball*, 1 giugno 1974
- *Georgann Hawkins*, 11 giugno 1974
- *Janice Ott*, 14 luglio 1974
- *Denise Naslund*, 14 luglio 1974

Oregon:

- *vittima sconosciuta*
- *vittima sconosciuta*

Utah:

- *Nancy Wilcox*, 2 ottobre 1974
- *Melissa Smith*, 18 ottobre 1974
- *Laura Aime*, 31 ottobre 1974
- *Carol DaRonch*, 8 novembre 1974, *è riuscita a fuggire*
- *Debby Kent*, 8 novembre 1974
- *Susan Curtis*, 28 giugno 1975

Colorado:

- *Caryn Campbell*, 12 gennaio 1975
- *Julie Cunningham*, 15 marzo 1975
- *Denise Oliverson*, 6 aprile 1975

Idaho:

- *vittima sconosciuta*, 2 settembre 1974
- *Lynette Culver*, 6 maggio 1975

Florida:

- *Lisa Levy*, 15 gennaio 1978

- *Margaret Bowman*, 15 gennaio 1978
- *Karen Chandler*, 15 gennaio 1978, è sopravvissuta all'attacco
- *Kathy Kleiner*, 15 gennaio 1978, è sopravvissuta all'attacco
- *Cheryl Thomas*, 15 gennaio 1978, è sopravvissuta all'attacco
- *Kimberly Leach*, 9 febbraio 1978

Tuttavia, molte cose rimasero inspiegabili e Bundy cercò di evitare l'esecuzione nascondendo i dettagli. Un giorno prima della sua esecuzione rilasciò un'intervista a James Dobson e gli disse che la pornografia lo aveva portato alle sue azioni. Gli esperti hanno detto dell'intervista che Bundy ha detto esattamente quello che Dobson voleva sentire, dato che era uno schietto oppositore della pornografia. Bundy cercò così di guadagnarsi la simpatia del pubblico e di nuovo cercò di impedire la sua esecuzione. Tuttavia, non ha avuto successo.

La mattina presto del 24 gennaio 1989, decine di persone si sono riunite nella prigione statale della Florida a Starke. Portavano striscioni e cartelli che recitavano "Martedì è il Fryday" e "Le rose sono rosse, le viole sono blu, buongiorno Ted, ti uccideremo". Un DJ ha esortato la folla a non usare troppa energia perché ne avevano bisogno per l'esecuzione di Bundy. Alle 7:00 circa Bundy fu portato nella camera dell'esecuzione e messo sulla sedia elettrica.

Fu legato e gli furono messi due elettrodi sul corpo. Poi gli è stato chiesto se aveva qualcosa da dire. "Dite alla mia famiglia e ai miei amici che li amo", ha detto. Poi è stato giustiziato con diverse scosse elettriche. Alle 7:16, il medico della prigione lo ha diagnosticato come morto. Quando il carro funebre che trasportava il corpo di Bundy ha lasciato la prigione, la folla ha cominciato ad applaudire.

Aftermath

Nei giorni successivi sono state pubblicate le foto del cadavere di Bundy. Fu cremato a Gainesville, in Florida. Nel suo testamento aveva stipulato il desiderio che le sue ceneri fossero sparse nelle zone montagnose intorno a Seattle, dove erano state trovate molte delle sue vittime. Quando si seppe questo ci furono molte proteste, ma la dispersione ebbe luogo.

Ann Rule, che aveva già pubblicato il suo bestseller su Bundy nel 1980, fece uscire edizioni riviste del suo libro. Negli anni successivi all'esecuzione, molte donne le riferirono che sostenevano di essere state avvicinate da Bundy in un momento o nell'altro. Rule incorporò i rapporti più credibili in una delle ristampe. Rispose anche alle domande in un capitolo aggiunto separatamente.

Anche se Bundy ha confessato più di 20 omicidi, il numero effettivo delle vittime rimane un'ipotesi. Bundy ha fatto sapere in modo inequivocabile di avere altro sul suo piatto con il suo commento che per ogni omicidio che è diventato pubblico "ce ne potrebbe essere uno che è rimasto nascosto". Ci sono numerosi casi negli stati di Washington, Oregon, Utah e Colorado in cui Bundy può essere considerato un sospettato.

Non ci sono prove, al massimo indizi sotto forma di registri di carte di credito o racconti di testimoni che lo collocano nelle vicinanze. I casi sono:

Washington:

Lisa Wick & Lonnie Trumbull, giugno 1966

Nel quartiere Queen Anne Hill di Seattle, nel giugno 1966, i due assistenti di volo Wick e Trumbull furono aggrediti di notte nella loro casa. Nell'attacco, Trumbull morì. Wick sopravvisse (probabilmente perché indossava dei bigodini che assorbivano i colpi) ma rimase in coma per un certo periodo. Entrambe le donne facevano regolarmente la spesa in una filiale Safeway nel loro quartiere, dove Bundy lavorava allora. Wick disse in seguito ad Ann Rule che era sicuro di averle aggredite.

Joyce LePage, 22 luglio 1971

LePage scomparve da un campus di Pullman nel luglio 1971. Mesi dopo, il suo corpo fu trovato in un burrone avvolto in un tappeto. Si dice che Bundy sia stato visto nella zona, ma mancano le prove.

Carol Valenzuela, 2 agosto 1974

Valenzuela fu visto l'ultima volta in autostop vicino a Vancouver, Washington. Bundy andò in auto a Salt Lake City nell'agosto 1974 e potrebbe aver guidato attraverso Vancouver, anche se non ci sono prove di questo.

Oregon:

Rita Jolly, 29 giugno 1973

Vicki Hollar, 20 agosto 1973

Bundy ha confessato due omicidi in Oregon, ma non si sa se nel farlo si riferisse a Jolly e Hollar.

Utah:

Nancy Baird, 4 luglio 1975

La Baird è scomparsa dal suo lavoro in una stazione di servizio FINA a Farmington. Bundy ha negato il coinvolgimento in questo caso particolare.

Debbie Smith, febbraio 1976

Smith scomparve a Salt Lake City nel febbraio 1976. Bundy era allora fuori su cauzione in attesa del suo primo processo. Il corpo di Smith fu trovato vicino all'aeroporto di Salt Lake City il 1° aprile di quell'anno.

Colorado:

Suzy Cooley, 15 aprile 1975

Cooley è scomparsa dopo aver lasciato il suo liceo a Holland, Colorado. Gli operai dell'autostrada trovarono il suo corpo all'inizio di maggio del 1975. Le registrazioni delle carte di credito hanno mostrato che Bundy era stato a Golden, non lontano da Holland, il giorno della sua scomparsa. Anche se Bundy era un sospettato, è stato determinato attraverso il test del DNA che Cooley non è stata uccisa da lui.

Shelly Robertson, 1 luglio 1975

Robertson non è arrivato al lavoro a Golden. Il suo corpo fu poi trovato in un pozzo della miniera. Di nuovo, i registri delle carte di credito indicavano la presenza di Bundy nella zona al momento della sua scomparsa. Mancano però prove concrete.

Sembra che Bundy sia stato in molti stati: California, Arkansas, Pennsylvania, New Jersey, Vermont, Kentucky e Georgia.

Questo ha portato molti dipartimenti di polizia di quegli stati a rivedere i loro file sulle persone scomparse e/o sugli omicidi per scoprire se Bundy potesse essere coinvolto.

Due casi si sono distinti:

Vermont:

Rita Curran, 19 luglio 1971, Burlington

Rita Curran faceva le pulizie part-time in un hotel adiacente alla Elizabeth Lund Home for Unwed Mothers, la casa dove nacque Bundy. Fu trovata morta in casa il 19 luglio 1971, violentata e con il cranio sfondato. A posteriori, le circostanze di questo omicidio erano così simili al modus operandi di Bundy che fu identificato come un possibile sospetto. Ci sono periodi nel 1971 in cui non è chiaro dove fosse Bundy e quindi la sua presenza a Burlington non può essere confermata. Tuttavia, i rapporti della città menzionano un certo Bundy che sarebbe stato morso da un cane durante quella settimana.

New Jersey:

Susan Davis & Elizabeth Perry, 3 giugno 1969, Somers Point

Il 30 maggio 1969, Davis e Perry, due amici del college, furono accoltellati a morte. La loro auto fu trovata vuota quel giorno. Tre giorni dopo, i corpi delle due donne furono trovati nelle vicinanze. Bundy all'epoca frequentava il college alla Temple University di Filadelfia. Un'intervista con Julia, la zia di Bundy, ha rivelato che aveva una gamba ingessata per un incidente nel fine settimana in cui avvennero gli omicidi. Quindi, non avrebbe mai potuto essere nel New Jersey. Le prove di un incidente, tuttavia, sembravano essere inesistenti. Questo ha portato il giornalista Richard Larsen a pensare che potrebbe aver usato quella "ferita" come scusa per chiedere aiuto alle due donne, proprio come ha fatto più tardi durante i suoi omicidi. Non ci sono prove concrete che Bundy sia il colpevole.

Nel 2002 fu risolto un caso in cui Bundy era stato a lungo sospettato. Nella scomparsa e nell'omicidio di Kathy Devine nel 1973, il test del DNA trovò un sospetto, un certo William E. Cosden.

Nel 2011, una provetta di sangue di Bundy è stata recuperata in un tribunale della Florida. Gli era stato richiesto di donare quel sangue per le indagini della polizia nel 1978. La qualità del campione di sangue si rivelò così buona che fu possibile fare un profilo completo del DNA. Quel profilo fu inserito nel database del DNA dell'FBI e uno dei primi casi che si tentò di risolvere fu la scomparsa di Ann Marie Burr di 8 anni nell'agosto del 1961. Bundy aveva 14 anni all'epoca e aveva un giro di giornali che includeva la strada dove viveva la bambina. Bundy conosceva la bambina perché viveva accanto ad un suo zio. Il padre di Burr affermò di aver visto Bundy vicino alla loro casa la mattina dopo la scomparsa. Bundy ha sempre negato di avere qualcosa a che fare con la scomparsa e ha anche scritto una lettera ai genitori nel 1986 dicendo loro che era innocente. Dalle tracce lasciate dalla scomparsa di Ann Marie Burr, il DNA di Bundy non poteva fornire prove conclusive. Il DNA rimane disponibile per la ricerca nei cosiddetti casi freddi.

Il profilo di Ted Bundy

Bundy era un assassino altamente organizzato, molto meticoloso e per lo più preparava ampiamente i suoi omicidi. Cercava le sue vittime con cura e sceglieva in anticipo un luogo dove nascondere il cadavere. Leggendo riviste di true-crime e lavorando per varie commissioni e agenzie investigative, conosceva bene i metodi investigativi e usava questa conoscenza per rimanere fuori dalle mani della polizia.

Ha scelto deliberatamente lo strangolamento e l'aggressione come metodi di omicidio perché producevano relativamente poco rumore e potevano essere eseguiti con utensili di uso quotidiano.

Evitava quindi le armi da fuoco a causa del rumore e delle prove balistiche che si lasciavano dietro. Ha seguito la copertura mediatica dei suoi omicidi e ha colpito in luoghi molto distanziati, a volte a centinaia di chilometri di distanza. Ha coperto bene le sue tracce, ha bruciato i vestiti delle sue vittime (tranne quelli di Julie Cunningham, che ha gettato in un contenitore per abiti), e ha lasciato poche o nessuna prova concreta sui luoghi. La mancanza di prove concrete in molti casi è stata una delle argomentazioni per lui per dichiararsi innocente.

Anche se Bundy appartiene al tipo organizzato, ha anche mostrato tratti del tipo disorganizzato. Dopo l'omicidio di Georgann Hawkins, fu preso dal panico e gettò i suoi vestiti fuori dalla macchina, insieme alle manette. Quando il giorno dopo si è ripreso, è tornato sulla scena del crimine e ha raccolto gli oggetti lasciati.

I serial killer diventano sempre più pericolosi più a lungo operano. Gli intervalli tra gli omicidi si accorciano e il controllo dell'autore diminuisce. Le imprese di Bundy indicavano chiaramente anche questo: a Washington, nello Utah e in Colorado, uccideva in modo controllato ed estremamente pianificato, e si comportava in modo quasi discreto. In Florida, perse la presa sull'autocontrollo e corse rischi sempre maggiori. Gli omicidi nella casa della confraternita Chi Omega furono un massacro e fu visto da testimoni sia lì che al rapimento di Leach. Anche il suo comportamento, per il resto, non era affatto come le sue azioni controllate a Washington, nello Utah e in Colorado. Per esempio, i testimoni della Florida ci hanno detto che aveva un aspetto trasandato, parlava incoerentemente e si comportava in modo nervoso.

La fine della relazione di Stephanie Brooks fu un'esperienza traumatica che lo colpì profondamente. Molte delle sue vittime erano molto simili a lei. La dottoressa Dorothy Otnow Lewis definì quel rifiuto della Brooks un punto cruciale nel suo sviluppo. Ann Rule ipotizzò che nutrisse un tale rancore verso la Brooks da spingerlo ad uccidere donne che le assomigliavano. Quando una volta fu chiesto a Bundy di parlarne, egli rispose dicendo che era una sciocchezza. Secondo lui, le donne erano attraenti ma completamente diverse fisicamente.

Nelle foto di Bundy spicca il suo aspetto sempre mutevole. Una volta Bundy è stato descritto come un camaleonte:

Cambiando l'acconciatura (con la riga a sinistra o a destra e una lunghezza di capelli sempre diversa), variando il suo peso di qualche chilo (che faceva sembrare il suo viso più pieno o più magro) e mettendosi i baffi e/o facendosi crescere la barba poteva cambiare totalmente il suo aspetto. Bundy lo sapeva e ne faceva largo uso.

Il giudice Stewart Hanson, che processò Bundy nel 1976, ha detto in un'intervista che un giorno del processo Bundy tornò in aula dopo un rinvio in abiti diversi e con una diversa acconciatura che lo rendeva quasi irriconoscibile. Nascondeva la sua caratteristica più evidente, una voglia sul collo, indossando dolcevita o camicie con il colletto. In Florida, si fece crescere i baffi e disegnò a matita una voglia sulla guancia.

La polizia si lamentava che a volte non aveva modo di ottenere fotografie di lui, dato che molte persone non lo riconoscevano. Lo stesso sembrava essere il caso della sua auto. Alcuni indicavano che il maggiolino era di colore chiaro, altri lo descrivevano scuro.

I giornalisti Stephen Michaud e Hugh Aynesworth ebbero l'opportunità di parlare con Bundy nel 1980. La loro proposta di scrivere un libro su di lui fu ben accolta, ma Bundy era riluttante a rivelare. Allora gli suggerirono di speculare in terza persona sui metodi dell'assassino e così Bundy poté parlare più o meno liberamente senza incriminarsi. Durante le sessioni di intervista, Bundy per la prima volta cominciò a parlare di più delle sue motivazioni. A proposito dei suoi furti, ci disse che gli piaceva molto possedere le cose. Voleva anche possedere le sue vittime e lo faceva attraverso la violenza sessuale usata. All'inizio uccideva per evitare di essere identificato, ma più tardi gli omicidi divennero parte del possesso.

Si è inoltre scoperto che Bundy aveva una paura quasi ossessiva di rimanere senza benzina. Gli estratti conto della sua carta di credito mostravano che faceva enormi rifornimenti, sempre in piccole quantità.

L'agente dell'FBI William Hagmeier cercò Bundy nel braccio della morte e Bundy sviluppò un buon rapporto con lui. Notevole visto che guardava dall'alto in basso la polizia e l'FBI, che considerava incompetenti e al di sotto di lui. Gli piaceva fare giochi psicologici. Per esempio, fotografava gli agenti di sorveglianza che lo sorvegliavano nel 1975 e nel '76. Una volta sogghignò al poliziotto dello Utah Jerry Thompson che stava "cercando le pagliuzze". Gli consigliò di continuare a cercare e poi avrebbe potuto "eventualmente fare una scopa con quelle cannucce".

Hagmeier ha notato come Bundy viveva i suoi omicidi. Li descriveva come una sorta di unificazione con le sue vittime, che così diventavano parte di lui ed erano sempre con lui. Nel 1986, quando la sua esecuzione sembrava inevitabile, disse candamente a Hagmeier e Nelson che continuava a visitare i luoghi dove lasciava le sue vittime. Truccò il viso di Melissa Smith senza vita e lavò i capelli del cadavere di Laura Aime. Ha indicato "se hai tempo puoi farle diventare chi vuoi". Ha confessato di aver decapitato almeno 12 vittime. Ha anche confessato di essere un necrofilo e di aver abusato dei corpi per questo scopo.

Anche se alla fine Bundy arrivò ad una confessione, rifiutò di assumersi la responsabilità delle sue azioni. Per lui, la colpa delle sue azioni era al di fuori di se stesso. Per esempio, ha dichiarato che è arrivato alle sue azioni a causa della mancanza del suo padre biologico, della violenza usata da suo nonno, del consumo di alcol, della violenza in TV, della pornografia e della polizia, che ha accusato di manomettere le prove.

A un certo punto, ha persino dato la colpa alle vittime: in una lettera a Kendall, una volta ha scritto che conosceva persone che irradiavano vulnerabilità. Così, avrebbero provocato la violenza contro di loro. Che non avesse compassione per le sue vittime divenne evidente quando una volta le chiamò sprezzantemente "donne usa e getta" e una volta si lasciò sfuggire: "cos'è una donna in meno al mondo?

Ted Bundy è stato ampiamente esaminato da psichiatri in diverse occasioni. La prima volta fu nel 1976, quando il dottor Al Carlisle lo analizzò per conto della corte dello Utah. Carlisle determinò che Bundy soffriva di sbalzi d'umore, era dipendente dalle donne nelle relazioni, e questa dipendenza la segnò come sospetta. Inoltre concluse che Bundy aveva paura di essere umiliato nelle relazioni.

In preparazione al processo del 1979, Bundy fu esaminato dal dottor Emanuel Tanay. Egli trovò che Bundy soffriva di un disturbo della personalità ed era guidato da un comportamento impulsivo. Secondo lui, Bundy era più preoccupato di impressionarlo che di approfittare delle opportunità che un'analisi gli avrebbe offerto. Tanay ha inoltre notato che il disturbo di Bundy non gli avrebbe permesso di contribuire in modo costruttivo alla sua difesa. Era più interessato a rifiutare l'autorità e il potere che a salvare la sua vita. Ha predetto che Bundy avrebbe rifiutato l'offerta di una dichiarazione di colpevolezza in cambio della prigione perché non sarebbe stato in grado di brillare in tribunale. Tanay concluse che Bundy dimostrava chiaramente la psicopatia nel suo comportamento.

La dottoressa Dorothy Otnow Lewis esaminò Bundy nel 1987. Gli diagnosticò un disordine maniaco-depressivo notando che commetteva i suoi omicidi durante i suoi episodi depressivi, ma in seguito ritrattò questa diagnosi. Suggerì inoltre che Bundy avesse una personalità multipla sulla base di due dichiarazioni di testimoni. Una prozia una volta raccontò di aver aspettato con Bundy il treno, quando improvvisamente sembrava un'altra persona e la spaventava. Un carceriere ebbe un'esperienza simile: notò che Bundy si comportava in modo strano e sembrava che la sua personalità cambiasse. Riferì di aver avuto paura di lui in quel momento.

La diagnosi finale ha indicato il disturbo antisociale di personalità. Questo termine è usato per quello che prima era chiamato psicopatia e sociopatia. Le persone con questo disturbo possono essere molto affascinanti, sono superficialmente sviluppate in termini di personalità, hanno una coscienza carente o assente, conoscono la distinzione tra giusto e sbagliato ma tuttavia non si lasciano dissuadere dal commettere crimini e hanno poca o nessuna colpa.

Manipolano il loro ambiente e sono irresponsabili. Quanto Bundy fosse bravo in questo divenne chiaro quando uno psichiatra una volta dovette ammettere che Bundy era in grado di manipolare persino lui.

La mancanza di colpa, tra l'altro, fu ammessa dallo stesso Bundy quando disse nel 1981: "la colpa non risolve nulla. Io sono nell'invidiabile posizione di non avere sensi di colpa". Il suo comportamento irresponsabile è evidente, tra le altre cose, nella sua infedeltà nelle sue relazioni e nel modo in cui ha gestito il denaro: Ad un certo punto, nel 1975, doveva soldi a quasi tutti quelli che lo circondavano.

Michaud ha paragonato il fascino e l'attrazione di Bundy per le donne a un fiore artificiale che inganna gli insetti. Lo sviluppo superficiale del carattere di Bundy è stato giustamente descritto da Larry Diamond, collega di Bundy al DES. Secondo lui, Bundy era come una vetrina invitante: 'sei persuaso ad entrare nel negozio ma una volta dentro non c'è quasi nessuna merce presente'.

Che dietro il fascino di Bundy ci fosse una personalità fredda divenne chiaro quando gli fu chiesto se avesse effettivamente ucciso 35 donne. Egli dichiarò che "doveva esserci un'altra cifra per ottenere il totale". Sia Ann Rule che Robert Keppel credono che questo fosse il suo modo di suggerire che ne aveva uccise più di 100. Più tardi Bundy attenuò questa osservazione e disse a Polly Nelson che il numero di 35 era corretto. Tuttavia, Keppel rimase fermo sulla sua posizione, poiché nelle sue conversazioni con Bundy notò che (sia lui che Bundy lo sapevano) il numero reale delle vittime era molto più alto di 35.

Bundy ha riferito che una vittima è tornata in sé nella sua auto e ha creduto che lui l'avrebbe aiutata con un esame di spagnolo che doveva sostenere il giorno dopo. Lui si meravigliò di questo. Ad altre vittime, quando si ripresero, fu detto che lui le avrebbe portate al pronto soccorso.

Sembrava esserci una certa ingenuità nel pensiero di Bundy: per esempio, era sorpreso che le sue vittime fossero mancate. Vedeva anche l'America come un paese in cui la gente non si notava, e mostrava stupore quando sentiva che dei testimoni lo avevano visto da qualche parte.

Nel 1989, quando la sua esecuzione sembrava inevitabile, Bundy cominciò a confessare i suoi omicidi a Keppel e agli agenti dello Utah e del Colorado. Keppel rimase sbalordito da ciò che sentì: Bundy gli disse che aveva tenuto le teste di Healy, Ball, Rancourt e Parks in casa sua per qualche tempo. Descrisse in dettaglio come aveva ucciso Hawkins e confessò di aver bruciato la testa di Manson nel camino di Kendall. A proposito di quest'ultimo, notò che Kendall non l'avrebbe mai perdonato. Hagmeier notò che Bundy aveva paura di morire e volle sapere in dettaglio come avveniva l'esecuzione. Bundy gli parlò anche del suicidio. Secondo Hagmeier, Bundy non voleva dare allo Stato della Florida il piacere di vederlo morire. Alla fine Bundy rinunciò comunque ai suoi piani di suicidio.

Anche se Carole Boone Bundy continuò a credere nell'innocenza del marito per anni, nel 1986 si sviluppò tra loro una distanza che finì con il divorzio. Se n'è andata con sua figlia e ha cambiato identità diverse volte. Dopo la malattia, fu confinata su una sedia a rotelle e visse in una casa di cura dove nessuno sapeva del suo passato. Alla fine è morta all'età di 70 anni nel gennaio 2018.

In uno degli aggiornamenti rilasciati del libro di Ann Rule The Stranger Beside Me, Rule scrive che il suo cane, un vero amico di tutti, non amava Bundy. Di tanto in tanto portava l'animale con sé al suo lavoro alla hotline, dove lei e Bundy lavoravano al telefono. Ogni volta che Bundy veniva da lei, il cane ringhiava e gli faceva rizzare i peli sul collo. Come risultato, Rule ha indicato che la gente dovrebbe "prestare più attenzione ai loro cani".

Rule rimase scioccata quando, dopo la morte di Bundy, fu contattata da donne che le dissero di essere depresse dalla morte di Bundy. Alcune dicevano addirittura di aver avuto un esaurimento nervoso. Tutte queste donne corrispondevano con lui e tutte erano convinte di essere "l'unica" per lui. La Rule indicò che per guarire dovevano riconoscere che erano state ingannate da un maestro manipolatore e che stavano soffrendo per una persona che non era mai esistita. Concludeva che Bundy era una vittima anche dopo la sua morte.

Ann Rule ha spiegato in un'intervista che a volte le persone nascono con una predisposizione genetica che può poi portare alla violenza. Se un tale individuo cresce fin dall'inizio in una famiglia vicina e calorosa, dove l'educazione si concentra sul rispetto per gli altri e sulle relazioni normali, questa predisposizione può alla fine scomparire e quindi evitare che qualcuno diventi violento. Tuttavia, se tale individuo cresce in una famiglia in cui la violenza e le norme e i valori devianti sono normali, sono state gettate le basi per uno sviluppo caratteriale estremamente pericoloso. Nel caso di Ted Bundy, questo sembra essere chiaramente il caso: per i primi quattro anni della sua vita, ha vissuto in una famiglia instabile dove la violenza era un evento regolare. Rule afferma anche che i bambini possono rendersi conto in età molto giovane se sono desiderati o meno, il che influenza notevolmente il loro sviluppo. Di nuovo, l'incapacità di Ted Bundy di attaccarsi a sua madre subito dopo la nascita deve aver certamente danneggiato il suo sviluppo caratteriale. Tuttavia, va notato che Bundy stesso ha detto che "ha scelto di uccidere".

In retrospettiva, si può concludere che Bundy "ha avuto il suo tempo". Il test del DNA era praticamente inesistente e la polizia non aveva ancora accesso agli estesi sistemi informatici di oggi. Anche il fatto che le telecamere di sorveglianza non erano ancora uno spettacolo comune negli anni '70 ha lavorato a vantaggio di Bundy. In parte come risultato dei crimini di Bundy, nel 1985 fu messo in funzione il cosiddetto VICAP (Violent Criminal Apprehension Program): un database in cui i dati degli omicidi vengono memorizzati e confrontati con altri casi per individuare somiglianze e modelli. Bundy aumentò significativamente la conoscenza dei serial killer e sfumò ulteriormente la percezione generale di tali criminali.

3. Dean Corll

Anni di attività: 1970-1973
Paese: Stati Uniti
Omicidi commessi: 28 confermati, più di 40 stimati
Pena: 6 condanne a 99 anni di prigione

Dean Arnold Corll nato a Fort Wayne, il 24 dicembre 1939 e morto a Pasadena, Texas, l'8 agosto 1973 è stato un serial killer americano soprannominato Candy Man perché la sua famiglia possedeva la Corll Candy Company. Insieme ai complici David Oven Brooks e Elmer Wayne Henley, rapì, torturò e uccise almeno 28 ragazzi dai tredici ai venti anni a Houston dal 1970 al 1973. Il caso è passato alla storia come gli omicidi di massa di Houston.

Corll incontrò la sua fine all'età di 33 anni quando Henley gli sparò. Quest'ultimo chiamò poi la polizia stessa per raccontare ciò che aveva fatto e rivelò immediatamente gli omicidi in cui Corll, Brooks e lui erano stati coinvolti negli anni precedenti.

Il modus operandi di Dean Corll

Corll era co-gestore (insieme a sua madre Mary Robinson) del negozio di dolciumi della sua famiglia. Era noto per dare regolarmente caramelle gratis ai bambini del quartiere, principalmente ragazzi adolescenti. Per esempio, nel 1967 incontrò Brooks, allora dodicenne, come uno dei tanti ragazzi adolescenti con cui gli piaceva uscire. Andò in spiaggia con loro e installò un tavolo da biliardo nel negozio di caramelle, dove i ragazzi potevano venire a giocare.

Il primo omicidio di Corll fu quello del diciottenne Jeffrey Konen nel settembre 1970. Prese il ragazzo mentre faceva l'autostop, lo strangolò e lo seppellì. Corrl rapì poi altre due vittime e le legò ad una tavola di compensato preparata a casa sua. Mentre stava per ingozzarsi di loro, Brooks lo ha sorpreso. In cambio di un'auto, promise di tenere la bocca chiusa su questo. Poi Brooks accettò l'offerta di Corll di dargli 200 dollari per ogni ragazzo che aveva attirato a casa di Corll.

Dopo aver lavorato insieme per portare il numero delle vittime a nove, Henley, allora quindicenne, fu coinvolto nel caso. Distribuì manifesti con richieste di informazioni sul suo amico scomparso David Hilligiest. Brooks presentò Henley a Corll nel 1971. Invece di farlo diventare la sua prossima vittima, Corll fece a Henley l'offerta di adescare ragazzi per 200 dollari ciascuno. Gli fu detto che Corll faceva parte di un gruppo organizzato di persone che si occupava di abusi sessuali su ragazzi minorenni. Anche Henley accettò e divenne attivo come esca. Il numero di ragazzi portati da Corll, legati, torturati e poi uccisi continuò ad aumentare. I ragazzi adescati venivano a volte drogati, a volte catturati con la forza bruta. Anche se ad un certo punto divenne chiaro a Henley che Corll stava torturando e uccidendo le sue vittime, non smise di adescare nuovi ragazzi.

Il culmine dei crimini di Dean Corll

Henley attirò Timothy Cordell Kerley a casa di Corll nell'agosto 1973. Tuttavia, portò anche la quindicenne Rhonda Williams, che aveva incontrato fuori perché stava scappando dal padre ubriaco. Dopo aver consumato il liquore e la marijuana richiesti, i tre adolescenti si addormentarono in casa di Corll.

Quando Henley si svegliò, era legato mani e piedi. Kerley e Williams giacevano imbavagliati accanto a lui sul pavimento. Corll era furioso perché Henley gli aveva portato una ragazza. Henley lo convinse a slegarlo accettando di collaborare alla tortura e all'uccisione degli altri due adolescenti. A quel punto, raggiunse la pistola di Corll e gli disse che era abbastanza. Poi mise fine alla vita di Corll con cinque proiettili. Dopo aver liberato Kerley e Williams, hanno convinto Henley a chiamare la polizia. Lui lo fece. Poi disse alla polizia dove potevano trovare i corpi disincarnati di diverse vittime di Corll,

La sera dell'8 agosto Brooks si presentò alla polizia di Houston. Negò di aver partecipato alla tortura o all'omicidio, ma confessò di esserne a conoscenza. Come Henley, iniziò ad aiutare la polizia nella ricerca dei ragazzi assassinati. Tutti i ragazzi erano stati uccisi per strangolamento o con proiettili e mostravano lesioni dovute alle corde usate per legarli. Tracce di abusi o torture sessuali furono trovate su tutte le vittime, come oggetti inseriti nel retto o nell'uretra o castrazione mentre erano ancora vivi.

Le vittime

Su indicazione di Brooks e Henley, la polizia di Houston trovò i corpi di 27 ragazzi uccisi, oltre a un ulteriore osso del braccio e un bacino nella stessa fossa in cui giacevano le ultime due vittime trovate. Il 13 agosto 1973, la ricerca di altri corpi fu interrotta, anche se 42 ragazzi erano scomparsi dal 1970 e almeno altre due vittime di Correll non erano state trovate, secondo Henley. Il corpo di Joseph Lyles fu trovato per caso nel 1983.

Le pene per gli omicidi di Henley e Brooks

Sono state trovate abbastanza persone per un totale di sei ore di testimonianze contro Henley e Brooks, comprese quelle di Rhonda Williams e Tim Kerley. Entrambi i ragazzi sono stati chiamati in giudizio separatamente. Brooks fu condannato per un solo omicidio, quello di Billy Ray Lawrence (15 anni). Per questo ha ricevuto l'ergastolo. Henley fu condannato per sei omicidi e per questo ricevette 6 x 99 anni di prigione.

La sua uccisione a colpi di pistola di Corll non fu giudicata omicidio, ma autodifesa.

4. Jeffrey Dahmer

Anni di attività: 1978-1991
Paese: Stati Uniti
Omicidi commessi: 15 confermati
Punizione: Ergastolo

Jeffrey Lionel Dahmer nato a Milwaukee, il 21 maggio 1960 e morto a Portage, il 28 novembre 1994 è stato un serial killer americano, afrodisiaco, necrofilo, cannibale e collezionista di corpi e parti scheletriche delle sue vittime. Era spesso chiamato "il cannibale di Milwaukee". Diciassette uomini e ragazzi che trovava attraenti morirono nella sua ricerca del controllo completo sui loro corpi: in parte con l'omicidio diretto, in parte iniettando acido cloridrico o acqua bollente nel cervello, una sorta di forma primitiva di lobotomia, con l'intenzione di trasformarli in schiavi sessuali involontari, che involontariamente portavano alla morte dopo pochi giorni.

Il caso Dahmer è notevole non solo per le sue azioni ma anche per la negligenza della polizia.

La gioventù di Jeffrey Dahmer

Jeffrey Dahmer è nato il 31 maggio 1960, figlio del chimico Lionel Herbert Dahmer e di Joyce Annette Dahmer-Flint. È cresciuto a Bath, nella contea di Summit, in Ohio.

Il 18 dicembre 1966, Jeffrey aveva un fratellino di cui poteva scegliere il nome. Scelse il nome David.

Nel 1970, durante una cena di famiglia a base di pollo, chiese a suo padre cosa sarebbe successo se si fossero sbiancate le ossa del pollo. Suo padre prese questa domanda come un segno di interesse per la chimica e spiegò a Jeffrey come sciogliere chimicamente i prodotti. Questo metodo sarebbe stato poi utilizzato da Dahmer per le sue vittime.

All'inizio Jeffrey era un bambino felice, ma dall'età di sei anni si sentì sempre più solo. Divenne sempre più affascinato dalle ossa degli animali e dagli animali morti. Cominciò a cercare animali investiti per sezionarli, per cui la sua spiegazione ai suoi compagni di classe era che trovava "affascinante" sapere come questi animali erano messi insieme. I suoi genitori gli davano poca attenzione perché sua madre era depressa e suo padre era troppo occupato a lavorare.

Quando suo padre tornava a casa la sera, sua madre aveva bisogno di tutte le attenzioni. Jeffrey aveva pochi amici, tra cui il fumettista Derf Backderf, con il quale perse i contatti verso i 15 anni. Durante gli anni del liceo, cominciò a bere. Lasciò il liceo da alcolizzato. In quel periodo, nel 1977, i suoi genitori divorziarono.

Backderf pubblicò in seguito, basandosi sulle proprie esperienze, la storia dell'infanzia di Dahmer fino al suo primo omicidio, sotto forma di fumetto My Friend Dahmer, con un'altra sezione di testo esplicativo nel retro. Questo libro viene utilizzato per un film.

Il suo primo omicidio

Nel giugno 1978, poche settimane dopo aver finito il liceo, commise il suo primo omicidio. A causa del divorzio dei suoi genitori, viveva temporaneamente da solo nella casa dei suoi genitori. Suo padre viveva in un motel nelle vicinanze e sua madre si era trasferita in Wisconsin con suo fratello minore poco prima.

Il 18 giugno 1978, diede un passaggio a Steven Mark Hicks e vide l'opportunità di attirarlo a casa sua, dove gli offrì dell'alcol. Quando Hicks volle andarsene, Dahmer non se la sentì e lo uccise con un manubrio di metallo di 4,5 kg, prima picchiandolo e poi strangolandolo con esso. Smembrò il corpo, lo nascose temporaneamente nell'intercapedine e poi lo seppellì in giardino. Più tardi ha dissotterrato i resti. Ha sciolto la carne nell'acido caustico e l'ha gettata nel water. Ha schiacciato le ossa con un martello prima di spargerle nel bosco dietro la casa.

Fino al 1991, non si sapeva cosa fosse successo allo scomparso Hicks. Poi fu rivelato che Dahmer lo aveva ucciso, e in seguito commise altri 16 omicidi.

Università, esercito e fabbrica di cioccolato

Jeffrey non ha mostrato alcuna motivazione per costruirsi una carriera ed è andato a studiare alla Ohio State University solo perché suo padre e la sua nuova moglie Shari hanno insistito per questo. Dopo il primo trimestre, durante il quale non era quasi mai sobrio, abbandonò gli studi. Suo padre gli presentò allora la scelta di trovarsi un lavoro o di entrare nell'esercito. Quando Jeffrey stesso non fece una scelta e continuò a bere, suo padre alla fine lo accompagnò lui stesso all'ufficio di reclutamento dell'esercito. Nell'esercito tutto sembrava funzionare alla fine, ma nel 1981 fu congedato con onore a causa del suo problema con l'alcool e del suo conseguente comportamento. Dopo aver passato un po' di tempo a Miami, tornò dal padre e dalla matrigna nell'Ohio. Nel 1982, si trasferì da sua nonna nella sua città natale di West Allis. Alla fine trovò anche qui un lavoro in una fabbrica di cioccolato.

Strani comportamenti, altri tre omicidi e contatti con il sistema giudiziario per reati minori

Per sei anni Jeffrey ha vissuto con sua nonna e ha mostrato un comportamento sempre più strano. Raccoglieva animali morti e li scioglieva nel seminterrato con prodotti chimici. Questo causava il necessario fastidio di odore. Rubò anche un manichino maschile da un negozio di abbigliamento e sua nonna trovò una .357 Magnum sotto il suo letto. Andava nelle saune gay, dove metteva dei sonniferi nelle bevande dei suoi partner sessuali per abusare indisturbato dei loro corpi. La cosa finì quando uno di loro finì in ospedale per una settimana a causa del sonnifero, e a Jeffrey fu successivamente negato l'accesso alla sauna.

Inoltre, Jeffrey entrò più volte in contatto con il sistema giudiziario. Essendo già stato arrestato nel 1981 per ubriachezza in pubblico, fu arrestato nel 1982 e nel 1986 per atti osceni, la seconda volta per essersi masturbato in presenza di due ragazzi minorenni. Questo secondo arresto gli valse una sospensione della pena. Tutto questo fastidio ha portato sua nonna a non volerlo più in casa e a chiedergli di andarsene.

Il 15 settembre 1987, nove anni dopo il suo primo omicidio, Jeffrey andò in un hotel con Steven Tuomi, 26 anni, come suo partner sessuale e gli somministrò una droga per dormire. La mattina dopo vide che Tuomi era morto. Jeffrey non ricordava cosa fosse successo, ma concluse che doveva aver picchiato Tuomi a morte. Il primo gennaio 1988 uccise il quattordicenne nativo americano James "Jamie" Doxtator e il 24 marzo dello stesso anno il messicano Richard Guerrero.

Il 26 settembre 1988, il giorno prima di trasferirsi in una nuova casa, Jeffrey fu arrestato per aver drogato e abusato di un ragazzo di 13 anni di etnia laotiana di nome Somsack Sinthasomphone. Questo gli valse una condanna a sei anni di prigione, cinque dei quali sospesi. Inoltre, è stato registrato come criminale sessuale. Ha scontato la sua pena in un regime di "liberazione dal lavoro", che gli richiedeva di passare solo il suo tempo libero in prigione e gli permetteva di mantenere il suo lavoro fuori dalla prigione. Dopo il suo rilascio anticipato dieci mesi dopo, si è ancora trasferito nella sua nuova casa.

Lionel Dahmer ha assistito suo figlio dopo ogni arresto e ha pagato il suo avvocato.

Altri tredici omicidi

Con gli omicidi di Tuomi, Doxtator e Guerrero, Dahmer sviluppò il suo modus operandi. Bazzicava i bar gay e i bagni pubblici, alla ricerca di una vittima. Quando trovava qualcuno, cercava di attirarlo con la scusa del sesso per il piacere reciproco, o offriva denaro per il sesso o per scattare foto nude o omoerotiche. Ha poi drogato la sua vittima offrendole una bevanda contenente dei sonniferi polverizzati. Quando la vittima era finalmente indifesa, veniva strangolata. Dopo questo, Dahmer faceva spesso sesso orale o anale con il cadavere, dopo di che lo sezionava. A volte si masturbava anche vicino ai corpi. Nel processo, spesso mangiava parti della sua vittima, come il bicipite. Il cranio veniva conservato, così come il pene, che veniva messo in acqua forte. Il resto veniva sciolto nell'acido e lavato via, o sepolto. Dalle parti conservate, Dahmer faceva un santuario.

Con le vittime successive, dopo averle drogate, Dahmer applicava una sorta di forma primitiva di lobotomia praticando un foro nel cranio e iniettando così acido cloridrico o acqua bollente nel cervello. In questo modo, sperava di creare schiavi sessuali senza volontà ("vivi, interattivi, ma alle mie condizioni"). Secondo il racconto dello stesso Dahmer, questo riuscì all'inizio, ma morirono comunque dopo pochi giorni.

Con il passare del tempo, gli intervalli tra gli omicidi sono diminuiti. Tra il primo omicidio nel 1978 e il secondo nel 1987 passarono nove anni. Nell'anno successivo, il 1988, commise due omicidi. Nel 1989 ne commise "solo" uno, ma nel 1990 Dahmer ne uccise quattro. Nel 1991, l'anno dell'arresto di Dahmer, commise otto omicidi, l'ultimo dei quali settimanale. Questo si fermò quando un altro omicidio fallì, e la vittima diede l'allarme, vedi sotto.

Konerak Sinthasomphone

La tredicesima vittima di Dahmer, e una delle sue più tragiche, fu il quattordicenne Konerak Sinthasomphone, soprattutto perché la polizia non rispose adeguatamente a questo incidente. Per coincidenza, questo era anche il fratello minore di Somsack Sinthasomphone, che era stato abusato da Dahmer nel 1988 e per il quale Dahmer era stato condannato e registrato come criminale sessuale. Inoltre, alcuni credono che la negligenza della polizia sia stata motivata da razzismo e omofobia.

La mattina presto del 27 maggio 1991, due giovani donne trovarono Sinthasomphone. Era nudo, drogato e insanguinato, sanguinante dall'ano. Dahmer apparve presto sulla scena e cercò di riportare il ragazzo a casa sua. Le donne si rifiutarono e chiamarono la polizia e un'ambulanza.

La polizia credette alla versione di Dahmer, ovvero che il ragazzo era un suo amico diciottenne con cui aveva bevuto, dopo di che avevano avuto una discussione. Dahmer appariva calmo e razionale mentre le donne apparivano impazienti, il ragazzo sembrava effettivamente ubriaco e gli agenti persero interesse abbastanza rapidamente.

La polizia portò il ragazzo a casa di Dahmer, dove lo lasciarono, nonostante il fetore che aleggiava nella casa (l'odore in seguito si scoprì essere del corpo in decomposizione della precedente vittima di Dahmer, Tony Hughes). La polizia non verificò l'età di Sinthasomphone, né notò la registrazione di Dahmer come criminale sessuale.

Sinthasomphone era troppo drogato e sedato per spiegare che Dahmer voleva ucciderlo e che stava scappando per la sua vita. Dopo che la polizia se ne andò, Dahmer strangolò Sinthasomphone, sodomizzò e dissezionò il suo corpo. Anche il suo cranio fu conservato.

La polizia non ha intrapreso ulteriori azioni. Quando la madre di una delle donne, Glenda Cleveland, ha chiamato per chiedere cosa fosse successo a "quel ragazzo asiatico", le è stato detto che era un adulto. Quando lei ha insistito, l'ufficiale di turno ha risposto che lui era tornato a casa con il suo amico e che nemmeno lui poteva sapere quali fossero le preferenze sessuali di qualcuno.

In seguito, quando Cleveland fece un collegamento tra l'incidente e la scomparsa di Sinthasomphone e chiamò di nuovo la polizia, nessuno lo raccolse e nessuno fu mandato da lei. Anche l'FBI non ha risposto alla chiamata di Cleveland.

Due dei tre agenti in servizio, John Balcerzak e Joseph Gabrish, sono stati successivamente congedati con disonore per negligenza e per i loro commenti omofobi nella macchina della polizia.

Per esempio, avevano fatto commenti sul "ricongiungimento degli amanti" e avevano creduto di dover essere "defrocked" per aver toccato il ragazzo. Tuttavia, gli agenti hanno impugnato con successo il loro licenziamento e sono stati in grado di continuare la loro carriera nelle forze di polizia.

Il suo arresto dopo la fuga di una potenziale vittima

Nella prima metà del 1991, la frequenza degli omicidi è salita a settimanale. I residenti si lamentavano del fetore che aleggiava nel complesso di appartamenti e dell'inquinamento acustico. Eppure questi problemi non hanno ucciso Dahmer.

Il 22 luglio 1991, Dahmer attirò Tracy Edwards nel suo appartamento. Edwards rifiutò di essere ammanettato, al che Dahmer lo costrinse nella camera da letto sotto la minaccia di una pistola.

Le immagini dei corpi morti e mutilati delle vittime di Dahmer e il fetore hanno portato Edwards a credere che lui sarebbe stato la prossima vittima e che avrebbe dovuto lottare per la sua vita.

Edwards diede un pugno in faccia a Dahmer e un calcio nello stomaco - e scappò. Per strada, fermò una macchina della polizia.

Gli agenti tornarono con Edwards nell'appartamento dove Dahmer si rivolse loro con calma e gentilezza. Questa volta, però, gli agenti non gliela fecero passare liscia.

Hanno trovato le foto e il coltello e hanno trovato una testa nel frigorifero. Dahmer resistette e minacciò gli agenti ma fu arrestato.

In seguito, la polizia ha trovato altre tre teste e un cuore umano nel frigorifero, foto di corpi mutilati delle vittime (erotici o altro), diversi teschi umani (spesso dipinti di grigio per dare l'impressione che il teschio non fosse reale), una fornitura di cloroformio con cui stordire le vittime, e mani e peni mozzati in acqua forte.

Dahmer è stato messo in custodia su cauzione di un milione di dollari.

Il processo a Jeffrey Dahmer, la sua incarcerazione e la sua morte

Il processo penale di Dahmer iniziò il 30 gennaio 1992. Fu processato per 17 capi d'accusa di tentato omicidio, che alla fine furono ridotti a 15. Non fu accusato del tentato omicidio di Edwards, poiché il sistema giudiziario aveva già abbastanza per condannare Dahmer a più ergastoli.

Dahmer cercò di difendersi invocando l'infermità mentale, ma questo fu respinto. Dopo la condanna di Dahmer a un totale di 957 anni di prigione, fu estradato in Ohio nel maggio 1992, dove confessò l'omicidio di Steven Hicks. In seguito, Dahmer ha mostrato rimorso.

La polizia tedesca ha indagato se ci fosse un legame tra Dahmer e una serie di omicidi irrisolti durante il suo periodo di servizio, durante il quale era di stanza nella Germania Ovest.

Nessun collegamento è stato trovato finora. La polizia della Florida indagò se Dahmer potesse essere coinvolto nell'omicidio del 1981 di Adam Walsh mentre era a Miami. Il caso fu finalmente chiuso nel 2008, con la polizia della Florida che concluse che Ottis Toole era l'autore più probabile.

Dahmer divenne un cristiano rinato in prigione dopo aver letto materiale evangelico inviato da suo padre. Fu battezzato da Roy Ratcliff.

Nel luglio 1994, Dahmer fu attaccato con una lama da un compagno detenuto nella cappella della prigione, riportando ferite superficiali. Infine, alla fine del 1994, Dahmer fu ucciso insieme ad un altro detenuto, Jesse Anderson, dal compagno di cella Christopher Scarver.

Su richiesta della madre, il suo cervello fu conservato per ricerche successive. Il padre portò la madre in tribunale per questo, per soddisfare il desiderio di Jeffrey Dahmer di essere cremato. Nel 1995, sei mesi dopo la morte di Jeffrey Dahmer, il padre fu vendicato e il cervello distrutto.

5. Alberto Fish

Anni di attività: 1924-1932
Paese: Stati Uniti
Omicidi commessi: 3 confermati, più di 100 stimati
Punizione: Condanna a morte per elettrocuzione

Hamilton Howard "Albert" Fish nato il 19 maggio 1870 e morto il 16 gennaio 1936 è stato un serial killer americano. Era anche conosciuto come l'Uomo Grigio, il Lupo Mannaro di Wysteria, il Vampiro di Brooklyn, il Maniaco della Luna e l'Uomo Nero.

Fish era un molestatore di bambini e un cannibale e una volta si vantò di "avere un bambino in ogni stato" e di aver avuto circa 100 bambini. Tuttavia, non si sa se con questo si riferisse agli stupri o al cannibalismo, né si sa se fosse la verità.

Era anche sospettato di almeno cinque omicidi durante la sua vita. Fish ha confessato tre omicidi e ha anche confessato di aver accoltellato altre due persone. Dovette comparire in tribunale in relazione al rapimento e all'omicidio di Grace Budd e fu trovato colpevole e giustiziato sulla sedia elettrica.

La gioventù di Albert Fish

Nato a Washington D.C. il 19 maggio 1870, come Hamilton Fish, Fish era il figlio di Randall (1795 - 16 ottobre 1875) e Ellen (1838-c. 1903) Fish. Suo padre era americano, di origine inglese; sua madre era scozzese-irlandese. Suo padre aveva 43 anni più di sua madre e aveva 75 anni quando nacque Albert. Era il loro figlio più giovane e aveva due fratelli e una sorella: Walter, Annie e Edwin.

Voleva essere chiamato "Albert", come un fratello precedentemente deceduto, e perché voleva liberarsi del suo soprannome "Ham & Eggs", che aveva acquisito in un orfanotrofio.

La famiglia di Fish aveva una storia di malattie mentali. Suo zio soffriva di mania. Uno dei suoi fratelli era stato ricoverato in un ospedale psichiatrico. Anche a sua sorella era stata diagnosticata una "malattia mentale". Ad altri tre membri della famiglia era stata diagnosticata una malattia mentale e sua madre aveva "allucinazioni uditive e/o visive".

Nel 1880, sua madre aveva ottenuto un lavoro con il governo e poteva permettersi di portare Fish fuori dall'orfanotrofio. Nel 1882, quando aveva 12 anni, iniziò a frequentare un fattorino del telegrafo. Questo introdusse Fish a pratiche come l'urolagnia (bere l'urina) e la coprofagia (mangiare escrementi).

Fish iniziò anche ad andare regolarmente nei bagni pubblici durante questo periodo per guardare i ragazzi che si cambiavano. Durante tutta la sua vita, scrisse lettere oscene a donne i cui nomi aveva trovato in annunci e agenzie matrimoniali.

1890-1918: Giovane età adulta e passato criminale

Intorno al 1890, Fish arrivò a New York, dove divenne una prostituta e iniziò a stuprare giovani ragazzi. Nel 1898 fu sposato da sua madre con una donna di nove anni più giovane. Insieme ebbero sei figli: Albert, Anna, Gertrude, Eugene, John e Henry Fish.

Nel 1898 lavorava come imbianchino. Continuò a molestare i bambini, specialmente i ragazzi sotto i 6 anni. Dopo aver visitato un museo delle cere dove aveva visto un pene mozzato, divenne ossessionato dalla mutilazione sessuale. Nel 1903, fu arrestato per furto e condannato alla prigione di Sing Sing.

Intorno al 1910, mentre lavorava a Wilmington, Delaware, Fish incontrò il diciannovenne Thomas Kedden. Portò Kedden nella sua residenza e iniziò con lui una relazione sadomasochistica; non è chiaro se Fish abbia costretto Kedden a farlo, ma nella sua dichiarazione Fish ha lasciato intendere che Kedden era mentalmente disturbato.

Dopo dieci giorni, Fish portò Kedden in una "vecchia fattoria" dove iniziò a torturarlo. Questo andò avanti per due settimane. Fish alla fine legò Kedden e gli tagliò metà del pene. "Non dimenticherò mai il suo urlo, né lo sguardo che mi diede", disse poi Fish in una dichiarazione. Anche se all'inizio aveva pensato di uccidere Kedden, aveva paura che il caldo lo avrebbe fatto risaltare.

Invece, versò dell'acqua ossigenata sulla ferita e la legò in un fazzoletto, lasciò 10 dollari, salutò Kedden con un bacio e se ne andò. "Ho preso il primo treno per tornare a casa. Non ho mai scoperto cosa gli fosse successo e non ho cercato di farlo", ha detto Fish.

Nel gennaio 1917, la moglie di Fish lo lasciò per un altro. Fish dovette crescere i suoi figli da solo. Fish disse in seguito che la sua ex moglie aveva portato via con sé tutto ciò che possedeva. Cominciò ad avere allucinazioni uditive. Ad un certo punto, si arrotolò in un tappeto perché si supponeva gli fosse stato ordinato di farlo dall'apostolo Giovanni.

Intorno a quel periodo, Fish iniziò ad auto-mutilarsi. Si infilava degli aghi nell'inguine e nel basso addome. Dopo il suo arresto, l'esame a raggi X ha mostrato che Fish aveva almeno 29 aghi nella sua regione pelvica. Si picchiava anche ripetutamente con una paletta chiodata e si infilava della lana imbevuta di combustibile per accendini nell'ano e gli dava fuoco. Anche se si crede che non abbia mai aggredito fisicamente i suoi figli, incoraggiava loro e i loro amici a picchiarsi sulle natiche con la suddetta pagaia. Ben presto sviluppò un'ossessione per il cannibalismo, che si manifestava, per esempio, nel mangiare una cena composta esclusivamente da carne cruda; a volte la serviva anche ai suoi figli.

1919-1930: Escalation nella follia

Nel 1919, accoltellò un ragazzo mentalmente handicappato a Georgetown, Washington D.C.. Fish spesso sceglieva vittime mentalmente disabili o afro-americane, secondo le sue stesse parole, perché pensava che non sarebbero mancate se le avesse uccise. Fish abusava, mutilava e uccideva bambini piccoli con i suoi "strumenti infernali": una mannaia per la carne, un coltello da macellaio e una piccola sega.

L'11 luglio 1924, Fish incontrò Beatrice Kiel di 8 anni mentre giocava fuori nella fattoria dei suoi genitori a Staten Island. Le offrì dei soldi se lo avesse aiutato a cercare del rabarbaro. Lei voleva quasi andare con lui, ma sua madre cacciò Fish. Fish se ne andò, ma più tardi tornò per cercare di dormire lì. Fu trovato dal padre, che lo costrinse ad andarsene. Nel 1924, Fish, ormai 54enne e affetto da psicosi, pensò che Dio gli stesse ordinando di torturare e mutilare sessualmente i bambini.

Poco prima di rapire Grace Budd, Fish provò i suoi "strumenti dall'inferno" su Cyril Quinn, un ragazzo di cui abusava sessualmente. Quinn e il suo ragazzo stavano giocando fuori quando Fish si avvicinò e chiese se avessero già pranzato. Poi li invitò a casa sua per dei panini. Mentre i ragazzi stavano lottando sul letto di Fish, il materasso si spostò; sotto c'erano un coltello, una piccola sega e una mannaia. Furono così spaventati dalla vista che fuggirono dall'appartamento.

Bigamia

Fish si risposò il 6 febbraio 1930 a Waterloo, NY, con Estella Wilcox ma divorziarono appena una settimana dopo. Fish fu arrestato nel maggio 1930 per "aver inviato una lettera oscena a una donna che aveva risposto a un annuncio per una donna delle pulizie". Dopo questo e un successivo arresto nel 1931, Fish fu mandato al Bellevue Psychiatric Hospital in osservazione.

L'omicidio di Grace Budd

Il 25 maggio 1928, Fish vide un annuncio nel giornale domenicale del New York World che diceva: "Giovane, 18 anni, cerca lavoro in campagna. Edward Budd, 406 West 15th Street". Il 28 maggio 1928, Fish, ormai

58enne, andò a visitare la famiglia Budd a Manhattan. Disse che avrebbe assunto Edward, ma più tardi ammise che intendeva legarlo, mutilarlo e lasciarlo morire dissanguato. Si presentò come Frank Howard, un agricoltore di Farmingdale, NY. Fish promise di assumere Budd e il suo amico Willie e di farli venire a prendere qualche giorno dopo. Non si presentò, ma mandò un messaggio scusandosi con la famiglia Budd e dicendo che sarebbe venuto più tardi. Quando tornò, Fish incontrò Grace Budd.

A quel punto, decise di scegliere un'altra vittima e andare a cercare Grace. Inventò la scusa che doveva andare alla festa di compleanno di una nipote. Riuscì a convincere i genitori di Grace a lasciarla andare con lui alla festa quella sera. Grace partì con Fish più tardi quel giorno e non fu più vista.

La polizia arrestò il supervisore 66enne Charles Edward Pope come sospettato nel caso il 5 settembre 1930, dopo che fu indicato dalla sua ex moglie. Trascorse 108 giorni in custodia prima della sua udienza in tribunale il 22 dicembre 1930. Fu trovato non colpevole.

La lettera anonima

Nel novembre 1934, i genitori della ragazza scomparsa ricevettero una lettera anonima che alla fine condusse la polizia a Fish. La signora Budd non sapeva leggere e chiese a suo figlio di leggere la lettera ad alta voce. La traduzione della lettera è la seguente:

La mia amata signora BuddNel 1894, un mio amico lavorava come marinaio sulla Tacoma, il capitano John Davis. Stavano navigando da San Francisco a Hong Kong, in Cina. Quando arrivarono lì, lui e altri due scesero a terra per bere qualcosa. Quando tornarono la barca non c'era più. A quel tempo c'era una carestia in Cina.

Qualsiasi tipo di carne costava tra 1 e 3 dollari per libbra, quindi i molto poveri soffrivano così tanto che tutti i bambini sotto i 12 anni venivano venduti ai macellai per tagliarli e farne cibo in modo che gli altri non morissero di fame. Un ragazzo o una ragazza sotto i 14 anni non era al sicuro per le strade. Si poteva andare in qualsiasi negozio e chiedere una bistecca - costolette - o uno stufato. Ti portavano una parte del corpo nudo di un ragazzo o di una ragazza e solo il pezzo che volevi veniva tagliato. I quarti posteriori di un ragazzo o di una ragazza, essendo la parte più dolce del corpo e venduti come cotolette di vitello, portavano il prezzo più alto. John rimase lì così a lungo che sviluppò un gusto per la carne umana.

Quando tornò a New York rapì due ragazzi, uno di 7 e uno di 11 anni. Li portò a casa sua, li spogliò, li legò in un armadio e poi bruciò tutto quello che avevano addosso. Più volte ogni giorno e ogni notte li picchiava - li torturava - per rendere la loro carne buona e tenera.

Uccise per primo il ragazzo di 11 anni, perché aveva il culo più grosso e, naturalmente, la maggior quantità di carne. Ogni parte del suo corpo fu cucinata e mangiata tranne la testa, le ossa e gli intestini. Fu arrostito nel forno, (tutto il suo culo) bollito, cotto, al forno, in umido. Il ragazzino lo seguì e fece la stessa cosa. A quel tempo vivevo al 409 E 100 St, in fondo a destra.

Mi ha detto così spesso quanto fosse buona la carne umana che ho voluto provarla. Domenica 3 giugno 1928, ti ho chiamato al 406 W 15 St. Ho preso ricotta e fragole per te. Abbiamo pranzato. Grace si sedette sulle mie ginocchia e mi baciò. Decisi di mangiarla, con la scusa che la stavo portando a una festa.

Lei ha detto che sì, poteva andare. L'ho portata in una casa vuota a Westchester che avevo già scelto. Quando siamo arrivati, le ho detto di stare fuori. Lei raccolse dei fiori selvatici. Sono salito al piano di sopra e mi sono tolto tutti i vestiti. Sapevo che se non l'avessi fatto mi sarei sporcato del suo sangue. Quando fu tutto finito andai alla finestra e la chiamai.

Poi mi sono nascosto in un armadio finché lei non è entrata nella stanza. Quando mi ha visto tutto nudo ha iniziato a piangere e ha cercato di correre al piano di sotto. L'ho afferrata e mi ha detto che l'avrebbe detto a sua madre.

Prima l'ho spogliata, non importa quanto male scalciasse, mordesse e graffiasse. L'ho soffocata fino alla morte e poi l'ho tagliata in piccoli pezzi per poter portare la mia carne nella mia stanza, cucinarla e mangiarla.

Che dolce e tenero, il suo culetto era arrostito nel forno. Ho impiegato 9 giorni per mangiare tutto il suo corpo. Non l'ho scopata, ma avrei potuto farlo se avessi voluto. Era vergine quando è morta.

La polizia ha indagato sulla lettera. La storia del "capitano Davis" e della "carestia" a Hong Kong non poté essere verificata. Tuttavia, la parte sull'omicidio di Grace Budd si dimostrò vera in termini di descrizione del rapimento e degli eventi successivi, anche se non fu possibile stabilire con certezza che Fish avesse effettivamente mangiato parti del corpo di Grace.

L'arresto di Albert Fish

La lettera fu consegnata in una busta con un emblema esagonale recante le lettere "**N.Y.P.C.B.A.**", che stava per "**New York Private Chauffeur's Benevolent Association**". "Un custode dell'azienda disse alla polizia che aveva preso parte della cancelleria, ma che l'aveva lasciata nella sua casa temporanea al 200 East 52nd Street quando si era trasferito.

Il padrone di casa ha confermato che Fish era stato nella stessa casa qualche giorno prima. William F. King era l'investigatore principale del caso. Aspettò in casa che Fish tornasse. Fish accettò di andare con lui alla stazione di polizia per essere interrogato.

Fish non negò l'omicidio di Grace Budd e disse che era andato alla casa con l'intenzione di uccidere Edward Budd, il fratello di Grace. Fish disse che "non gli era mai venuto in mente" di violentare la ragazza, ma più tardi disse al suo avvocato che aveva avuto due eiaculazioni involontarie mentre era accovacciato sul petto di Grace per strangolarla.

Questa informazione fu poi usata nel processo per sostenere che Fish aveva rapito la ragazza con l'intenzione di fare sesso per aggirare l'accusa di cannibalismo.

Altri crimini scoperti dopo l'arresto di Fish

Francis McDonnell

La notte del 14 luglio 1924, Francis McDonnell, 8 anni, di Staten Island, fu dichiarato scomparso dai suoi genitori. Durante una ricerca, il suo corpo fu trovato appeso ad un albero vicino a casa sua. Era stato violentato e poi strangolato con le sue bretelle.

Secondo l'autopsia, McDonnell aveva anche grandi lacerazioni alle gambe e al basso ventre e quasi tutta la carne del tendine del ginocchio sinistro era stata strappata. Fish negò di avere qualcosa a che fare con questo, ma più tardi disse che aveva voluto castrare il ragazzo, ma era scappato quando aveva sentito qualcuno avvicinarsi.

Gli amici di McDonnell hanno detto che era stato preso da un vecchio con i baffi grigi. Un vicino ha dato la stessa descrizione. La madre di Francis ha detto di aver visto un uomo simile camminare prima quel giorno.

Da questo caso, Fish mantenne il soprannome di "Uomo Grigio" perché aveva i capelli e i baffi grigi. Il caso rimase irrisolto fino a dopo l'omicidio di Grace Budd.

Billy Gaffney

L'11 febbraio 1927, Billy Beaton di 3 anni e suo fratello di 12 anni stavano giocando nell'appartamento di Billy Gaffney di 4 anni. Il dodicenne lasciò l'appartamento e gli altri due scomparvero.

Beaton fu poi trovato sul tetto dell'appartamento. Quando gli fu chiesto cosa fosse successo a Gaffney, Beaton disse "l'uomo nero l'ha preso". Il corpo di Gaffney non fu mai recuperato.

Il serial killer Peter Kudzinowski fu sospettato all'inizio, ma qualcuno riconobbe Fish da una foto sul giornale e disse di averlo visto vicino all'appartamento con un bambino l'11 febbraio 1927. Il bambino era senza cappotto e stava piangendo per sua madre. La descrizione di Beaton dell'"uomo nero" corrispondeva a Fish.

Fu poi stabilito che Fish stava lavorando come imbianchino non lontano dall'appartamento dove Gaffney viveva il giorno del rapimento. Fish scrisse quanto segue a questo proposito in una lettera al suo avvocato:

L'ho portato ai bidoni della spazzatura di Riker Ave. C'è una casa lì che sta da sola, non lontano da dove l'ho portato... Ho portato lì il ragazzo G. Lo spogliai e gli legai mani e piedi e lo imbavagliai con un pezzo di straccio sporco che presi dal bidone della spazzatura. Poi ho bruciato i suoi vestiti.

Ho buttato le sue scarpe nella spazzatura. Poi sono tornato a piedi e ho preso il tram fino alla 59 St. alle 2 del mattino e da lì sono tornato a casa a piedi. Il giorno dopo verso le 2 del pomeriggio, ho preso degli attrezzi, una bella frusta pesante. Fatta in casa. Manico corto. Tagliai una delle mie cinture in due, tagliai questa metà in sei strisce lunghe circa 20 cm. Ho frustato il suo didietro nudo fino a quando il sangue non è uscito dalle sue gambe.

Gli ho tagliato le orecchie, il naso, la bocca da un orecchio all'altro. Gli ho cavato gli occhi. Allora era morto. Ho piantato il coltello nella sua pancia e ho tenuto la bocca vicino al suo corpo e ho bevuto il suo sangue. Ho preso quattro vecchi sacchi di patate e ho raccolto alcune pietre.

Poi l'ho tagliato a pezzi. Avevo un sacchetto con me. Ho messo il suo naso, le orecchie e alcuni tagli della sua pancia nel sacchetto. Poi l'ho tagliato al centro del corpo. Appena sotto l'ombelico. Poi attraverso le gambe a circa 2 pollici. [5 cm] sotto il suo posteriore. Ho fatto questo nel sacco con molta carta. Ho tagliato la testa - i piedi - le braccia - le mani e le gambe sotto il ginocchio. Ho messo tutto questo in sacchi appesantiti con rocce, ho legato le estremità e l'ho gettato nelle pozze d'acqua viscida che si vedono lungo tutta la strada per North Beach. L'acqua è profonda da 3 a 4 piedi [90-120 cm].

Sono affondati immediatamente. Sono tornato a casa con la mia carne. Avevo la parte anteriore del suo corpo che mi piaceva di più. Le sue "scimmie e pipì" e un bel quarto posteriore spesso da arrostire nel forno e mangiare. Ho fatto uno stufato con le sue orecchie - il naso - pezzi della sua faccia e la pancia. Ho messo cipolle, carote, rape, sedano, sale e pepe. Era delizioso.

Poi ho aperto le natiche, ho tagliato i suoi "peli di scimmia e pipì" e li ho lavati prima. Ho messo delle strisce di pancetta su ogni natica e ho messo in forno. Poi ho preso 4 cipolle e quando la carne aveva arrostito circa 1/4 d'ora, ho messo circa mezzo gallone d'acqua per il sugo e ci ho messo le cipolle. Ho colpito la parte posteriore con un cucchiaio di legno molto spesso.

Per rendere la carne bella e succosa. In circa 2 ore, era buono e marrone, cotto a puntino. Non ho mai mangiato tacchino che avesse un sapore così buono come il suo dolce grasso posteriore. Ho mangiato ogni pezzo di carne in circa 4 giorni. La sua piccola "scimmia" era dolce come una noce, ma i suoi "pipini" non potevo masticarli. Le ho buttate nel water.

Elizabeth Gaffney, la madre di Billy, fece visita a Fish a Sing Sing. Fish non voleva parlarle. Dopo due ore, si arrese. Non era convinta che Fish avesse ucciso suo figlio.

Processo ed esecuzione di Albert Fish

Il processo a Fish per l'omicidio di Grace Budd iniziò l'11 marzo 1935 a White Plains, NY. Il caso durò 10 giorni. Fish voleva essere dichiarato pazzo e sosteneva di aver sentito delle voci che gli dicevano di uccidere i bambini. Diversi psichiatri testimoniarono per i feticci sessuali di Fish, tra cui sadismo, masochismo, cunnilingus, anilingus, fellatio, fustigazione, esibizionismo, voyeurismo, piquerismo, cannibalismo, coprofagia, urolagnia, pedofilia e infibulazione.

Il suo avvocato ha dichiarato che Fish era un "fenomeno psichiatrico" e che non c'era mai stato nessuno con così tante deviazioni sessuali.

Durante il processo, la difesa chiamò un testimone che spiegò l'ossessione di Fish per la religione, e in particolare la storia di Abramo e Isacco (Genesi 22:1-24). Fish credeva che, come nella storia, avrebbe dovuto "sacrificare" un ragazzo in espiazione delle proprie azioni e che gli angeli lo avrebbero fermato se Dio non avesse approvato. Anche se sapeva che Grace era una ragazza, si sospetta che Fish la vedesse come un ragazzo. Anche il cannibalismo di Fish è stato spiegato, come una forma di comunione.

I testimoni dell'accusa hanno dichiarato che Fish era deviante ma sano. Hanno anche detto che coprofilia, urolagnia e pedofilia non erano segni di una "malattia mentale" e che tali perversioni erano più comuni e che Fish non era "diverso da milioni di altri".

Un'altra testimone fu Mary Nicholas, la figliastra 17enne di Fish. Ha descritto come Fish avesse insegnato a lei e ai suoi fratelli vari giochi masochistici, che includevano anche una sorta di stupro infantile.

Tutti i giurati erano d'accordo sul fatto che Fish fosse pazzo, ma pensavano che dovesse comunque essere giustiziato. Fu quindi trovato colpevole e colpevole e il giudice gli inflisse la pena di morte.

Fish entrò in prigione nel marzo 1935 e fu giustiziato sulla sedia elettrica a Sing Sing il 16 gennaio 1936.

È entrato nella stanza alle 23:06 ed è stato dichiarato morto tre minuti dopo. Le sue ultime parole sarebbero state: **"Non so nemmeno perché sono qui"**.

6. John Wayne Gacy

Anni di attività: 1972-1978
Paese: Stati Uniti
Omicidi commessi: 33 confermati
Punizione: Condanna a morte per iniezione letale

John Wayne Gacy Jr. nato a Chicago, Illinois, il 17 marzo 1942 e morto a Joliet, Illinois, il 10 maggio 1994 è stato un serial killer americano. Fu condannato e poi giustiziato per lo stupro e l'omicidio di 33 ragazzi e uomini, 29 dei quali fece seppellire nel suo crawl space tra il 1972 e il 1978. Gacy era famigerato con i nomi di Killer Clown o Pogo il Clown per vestirsi da clown per intrattenere i bambini alle feste.

La gioventù di John Wayne Gacy

Gacy è nato in mezzo a tre figli (aveva una sorella maggiore e una minore). Suo padre, John Wayne Gacy Senior, era un alcolizzato e abusava del giovane John Wayne che, ai suoi occhi, era solo un debole perché, tra le altre cose, non amava la pesca e la caccia. Gacy (e le sue sorelle) frequentarono scuole cattoliche e furono anche cresciuti cattolici. Da ragazzo, Gacy era affascinato dalla polizia e più tardi voleva diventare un poliziotto. All'età di undici anni, John Wayne fu colpito alla nuca da un'altalena. Continuò poi a soffrire di "vuoti di memoria" fino a quando, all'età di diciassette anni, fu stabilito che l'incidente aveva causato un coagulo di sangue, al quale fu posto rimedio con dei farmaci.

Gli anni di mezzo

Gacy si trasferì a Las Vegas e lì incontrò per la prima volta la legge quando lui e altri furono arrestati per una serie di furti con scasso.

Dopo il suo breve soggiorno a Las Vegas, Gacy iniziò a lavorare come venditore di scarpe a Springfield, dove divenne un membro importante dei Jaycees. Nel 1964, Gacy si sposò e si trasferì a Waterloo, Iowa, dove prese in gestione un ristorante Kentucky Fried Chicken che apparteneva ai suoi suoceri. Aveva due figli.

I primi segni

Nel 1968, Gacy stava guidando verso casa quando incontrò per strada il quindicenne Donald Voorhees. Conosceva Voorhees attraverso suo padre, che era anche un membro dei Jaycees.

Ha invitato il ragazzo a casa sua, dove sua moglie era ancora in ospedale dopo aver dato alla luce il loro secondo figlio. Una volta a casa, ha fatto ubriacare il ragazzo, ha iniziato a parlargli di sesso e gli ha suggerito di guardare un film porno.

Questo alla fine portò al sesso orale. Dopo l'evento, Gacy cercò di corrompere e minacciare Voorhees, dicendo tra l'altro che aveva connessioni con la mafia. Tuttavia, il ragazzo raccontò tutto alla polizia e Gacy fu arrestato per sodomia. Durante il processo, altri ragazzi si fecero avanti sostenendo di essere stati abusati da Gacy. Alla fine fu condannato a dieci anni di prigione, di cui scontò solo sedici mesi per buona condotta.

Dopo la sua condanna, sua moglie lo lasciò e prese con sé i due bambini. Gacy non li avrebbe mai più rivisti. Inoltre, il padre di Gacy morì mentre era incarcerato. Gacy, che amava profondamente suo padre nonostante tutto, era convinto che fosse morto per la vergogna di avere suo figlio.

La sua carriera come Pogo il Clown

Dopo il suo rilascio, Gacy tornò a Chicago e andò a vivere con sua madre. Poco dopo, Gacy si sposò di nuovo e sua moglie e le sue due figlie andarono a vivere con lui, costringendo sua madre a trasferirsi. Divenne attivo per il Partito Democratico e incontrò persino la first lady Rosalynn Carter. A Gacy piaceva anche vestirsi da clown "Pogo" e poi esibirsi alle feste dei bambini e negli ospedali. La carriera sociale di Gacy fiorì e lui iniziò una società di contracting di successo.

In seguito, il collegamento tra le esibizioni dei clown e gli omicidi sarebbe stato fatto, in parte, dal personaggio basato su Gacy, Pennywise the Clown, dal libro "It" di Stephen King. In realtà, le esibizioni e gli omicidi non erano collegati e Gacy non ha commesso un omicidio in un vestito da clown né ha usato il suo pseudonimo di Pogo in alcun modo per facilitare gli omicidi.

L'inizio della fine

Nel frattempo, Gacy entrò di nuovo in contatto con la polizia perché un ragazzo aveva denunciato un abuso sessuale. Poiché il ragazzo non ha seguito la denuncia, Gacy l'ha fatta franca. Anche il matrimonio stava lentamente volgendo al termine. Sessualmente non era un granché, ma divenne insopportabile per la moglie quando lei trovò della pornografia omoerotica e Gacy dichiarò di essere bisessuale e di non essere più disposto a dormire con sua moglie.

Quando il suo secondo matrimonio si ruppe nel 1976, Gacy cominciò a cercare ragazzi più liberamente. Per esempio, cercò di sedurre un ragazzo che lavorava per lui. Quando questo fallì la prima volta, cercò di ingannarlo la seconda volta con un trucco magico. Questi trucchi sarebbero diventati il suo marchio di fabbrica. Gacy fece mettere le manette al ragazzo e poi gli disse che il trucco era quello di toglierle senza chiave. Tuttavia, il ragazzo, non fidandosi, riuscì a togliere le manette e a scappare. Gacy non avrebbe permesso che ciò accadesse di nuovo.

La scomparsa di Robert Piest

Nel dicembre 1978, il quindicenne Robert Piest scomparve. Fu visto per l'ultima volta alla farmacia dove lavorava. Quando se ne andò, disse che stava andando a parlare con un appaltatore per un lavoro.

Questo portò la polizia a Gacy, che fu invitato per un interrogatorio. Dopo aver annullato alcune volte, Gacy finalmente apparve e diede una smentita, presumibilmente offrendo al ragazzo solo un lavoro.

Alla ricerca, il detective Joseph Kozenczak non trovò alcuna traccia di Piest, ma trovò effetti personali dei ragazzi scomparsi e una foto ricevuta dalla farmacia dove Piest aveva lavorato. Si sospettava che Gacy dovesse sapere di più su queste sparizioni, ma non c'erano prove concrete.

Fu deciso di mettere l'uomo sotto osservazione per 24 ore. Questo causò a Gacy tensioni ma anche confronti bizzarri. Per esempio, Gacy invitò la squadra di osservazione a casa sua per la cena.

Durante quella cena, gli agenti sentirono uno strano odore pungente nella casa, che uno di loro riconobbe in seguito come l'odore che si trova in un obitorio. Gacy raccontò anche con orgoglio delle sue esibizioni come 'Pogo' e aggiunse: "Sapete che un clown può farla franca con un omicidio".

Nascosto nell'intercapedine sotto la casa di Gacy

Il 22 dicembre 1978, Gacy passò davanti ad alcuni amici per dire addio. La squadra di osservazione temeva che fosse un segno che Gacy aveva ceduto alla pressione e voleva suicidarsi. Ad uno dei suoi amici diede anche un sacchetto di hashish. Poi guidò fino all'ufficio del suo avvocato dove rimase tutta la notte.

Nel processo, confessò di aver commesso 33 omicidi, il primo dei quali già nel gennaio 1972. Allo stesso tempo, la polizia riuscì ad arrestare Gacy per possesso di hashish e fu emesso un mandato di perquisizione.

Durante la perquisizione, furono presto trovati resti umani nell'intercapedine della casa di Gacy e di fronte a questo, Gacy fece una dichiarazione confessionale. Alla polizia, che stava ancora cercando Piest, fu detto che aveva gettato il corpo di Piest nel fiume.

La ragione per cui Gacy aveva riprogrammato il suo appuntamento per fare una dichiarazione era che aveva bisogno di tempo per disfarsi del cadavere.

Le vittime

Sembra che Gacy abbia attirato ragazzi e uomini a casa sua per anni. La maggior parte delle sue vittime erano prostitute di sesso maschile; altre Gacy le aveva assunte nel corso del tempo nella sua società di appalti. Nessuno degli uomini scomparsi si distingueva molto perché i ragazzi erano spesso scappati di casa o conducevano un'esistenza vagabonda. Gacy stesso vedeva le sue vittime come feccia e sentiva di aver reso un servizio al mondo. Questo era in parte perché disprezzava gli omosessuali (e quindi se stesso) mentre un certo numero di ragazzi accettava volontariamente (forse in cambio di un pagamento) le sue avances sessuali. Gacy ha minimizzato le sue azioni dicendo che poteva essere condannato solo per aver gestito una camera mortuaria senza licenza.

Gacy a volte usava il cloroformio se una vittima era riluttante fin dall'inizio, altre volte usava il già citato "trucco delle manette". Il suo metodo preferito di omicidio era il "trucco della corda", in cui metteva un cappio intorno al collo della sua vittima e poi stringeva il nodo diverse volte fino a quando la vittima soffocava. Spesso Gacy suggeriva di essere un agente di polizia e diversi distintivi della polizia sono stati trovati durante le perquisizioni. Per intimidire ulteriormente le sue vittime, a volte diceva di avere legami con la mafia.

Otto dei corpi furono parzialmente identificati solo più tardi. Infine, nell'aprile 1979, il corpo di Robert Piest fu dragato dal fiume.

I nomi delle vittime conosciute (con età e data di scomparsa):

- Timothy McCoy (18) - 3 gennaio 1972
- John Butkovitch (17) - 21 luglio 1975
- Darrell Sampson (18) - 6 aprile 1976
- Randall Reffett (15) - 14 maggio 1976
- Sam Stapleton (14) - 14 maggio 1976
- Michael Bonnin (17) - 3 giugno 1976

- William Carroll (16) - 13 giugno 1976
- James Haakenson (16) - 6 agosto 1976
- Rick Johnston (17) - 6 agosto 1976
- Kenneth Parker (16) 24 ottobre 1976
- Michael Marino (14) 24 ottobre 1976
- William Bundy (19) - 26 ottobre 1976
- Gregory Godzik (17) - 12 dicembre 1976
- John Szyc (19) - 20 gennaio 1977
- Jon Prestidge (20) - 15 marzo 1977
- Matthew Bowman (19) - 5 luglio 1977
- Robert Gilroy (18) - 15 settembre 1977
- John Mowery (19), 25 settembre 1977
- Russell Nelson (21), 17 ottobre 1977
- Robert Winch (16), 10 novembre 1977
- Tommy Boling (20), 18 novembre 1977
- David Talsma (19), 9 dicembre 1977
- William Kindred (19), 16 febbraio 1978
- Timothy O'Rourke (20), giugno 1978
- Frank Landingin (19), 4 novembre 1978
- James Mazzara (21), 24 novembre 1978
- Robert Piest (15), 11 dicembre 1978

Il processo e l'esecuzione di Gacy il "Clown assassino"

Il 6 febbraio 1980 iniziò a Chicago il processo al "Killer Clown". Gacy dichiarò di non essere colpevole degli omicidi, si considerava pazzo e il suo avvocato lo specificò aggiungendo che questo era vero nei momenti in cui gli omicidi furono commessi. Una batteria di testimoni fu chiamata a sostenere l'affermazione, incluse la madre e la sorella di Gacy. Senza alcun risultato, tuttavia, e Gacy fu condannato a morte.

Durante i quattordici anni in cui Gacy dovette aspettare la sua esecuzione, cominciò a dipingere (soprattutto clown e Biancaneve e i sette nani) e scrisse un libro, "Una questione di dubbio", in cui sosteneva di essere innocente e vittima di una cospirazione contro di lui.

Il 10 maggio 1994, Gacy fu giustiziato per iniezione letale nella prigione di Joliet, nella città di Joliet. Come ultimo pasto, scelse pollo fritto, gamberi fritti, patatine fritte e fragole. L'esecuzione aveva attirato una folla di persone, che manifestavano fuori dalla struttura e applaudivano mentre Gacy veniva dichiarato morto. Tutti i tipi di merchandising di Gacy, come le magliette, sono stati venduti.

L'esecuzione di Gacy non fu del tutto impeccabile; le sostanze chimiche usate per l'iniezione letale si mischiarono così tanto che si unirono e ci vollero 27 minuti perché Gacy morisse davvero. Questo spinse lo Stato dell'Illinois ad adottare un diverso metodo di iniezione letale.

Le ultime parole di Gacy implicavano che ucciderlo non avrebbe fatto rivivere nessuna delle vittime e le sue ultime parole furono "Potete baciarmi il culo", dette alla guardia che lo scortava nella stanza dell'esecuzione.

Il profilo psicologico

Alcuni hanno indicato le sue azioni come il risultato del suo cattivo rapporto con il padre alcolizzato, i suoi mal di testa e i blackout che si verificano nella sua giovinezza. C'è anche l'ipotesi che l'individuazione di giovani ragazzi e uomini, che Gacy chiamava "froci e punk senza valore", come vittime fossero espressioni del subconscio odio di Gacy per la propria omosessualità.

Gacy sosteneva di odiare i gay e gli uomini che si comportavano in questo modo, e disse alla polizia che era bisessuale "Ho ancora un po' di orgoglio!"

Dopo la sua esecuzione, il cervello di Gacy fu rimosso ed esaminato dalla dottoressa Helen Morrison, che aveva intervistato Gacy e altri serial killer con l'obiettivo di distillare una personalità comune dai serial killer.

Un esame dello psichiatra forense assunto dai suoi avvocati non ha rivelato alcun sintomo cerebrale anormale. Morrison sostenne che Gacy non corrispondeva al profilo psicologico identificato in altri serial killer, e i suoi motivi non potevano essere spiegati psicologicamente.

Tuttavia, la dottoressa Morrison fu screditata quando si scoprì che molte delle sue scoperte erano basate su inesattezze e non poteva essere all'altezza della sua pretesa di aver intervistato più di 80 assassini.

7. Donald Henry Gaskins

Anni di attività: 1953-1982
Paese: Stati Uniti
Omicidi commessi: 9 confermati, 110 stimati
Punizione: Condanna a morte per elettrocuzione

Donald Henry "Pee Wee" Gaskins, Jr. nato a Florence County, il 13 marzo 1933 e morto a Columbia, il 6 settembre 1991 è stato un serial killer americano.

Il background di Donald Henry Gaskins

Gaskins è nato nella contea di Florence, nella Carolina del Sud e ha trascorso gran parte della sua infanzia in una scuola di riforma.

Da adulto, la sua corporatura minuta (5'5", da cui il suo soprannome) lo renderebbe un buon bersaglio per abusi fisici e sessuali in prigione.

Da bambino, Gaskins era un povero scolaro e un criminale, colpevole di aver commesso una serie di piccoli furti. Durante un furto, colpì una donna sulla testa con un'ascia e la lasciò gravemente ferita, ma lei sopravvisse. Gaskins si sposò per la prima volta nel 1951, all'età di diciotto anni, e divenne padre di una figlia meno di un anno dopo. Dopo il suo rilascio dalla scuola disciplinare, Gaskins iniziò a commettere frodi assicurative.

È stato arrestato e accusato di tentato omicidio dopo aver attaccato una ragazza adolescente con un martello. La ragazza aveva presumibilmente insultato Gaskins. Gaskins fu condannato a sei anni di prigione al Central Judicial Institution. Durante questa incarcerazione, sua moglie divorziò da lui.

Il suo primo omicidio

Gaskins commise il suo primo omicidio mentre stava scontando la sua pena in prigione nel 1953, quando tagliò la gola di una compagna detenuta di nome Hazel Brazell con una lama di rasoio. Gaskins sostenne di averlo fatto per guadagnare denaro e una reputazione formidabile tra i suoi compagni di detenzione. Fu deciso che Gaskins avrebbe agito per legittima difesa e fu condannato ad altri tre anni di prigione.

Gaskins scappò dalla prigione nel 1955 nascondendosi nel caricatore posteriore di un camion della spazzatura e fuggì in Florida, dove fu assunto in un luna park itinerante. Nell'agosto del 1961, fu arrestato di nuovo, riportato in prigione e rilasciato sulla parola.

Secondo arresto e successivi omicidi

Dopo il suo rilascio dalla prigione, Gaskins si risposò, ma ricadde rapidamente nel commettere furti e appropriazioni indebite. Due anni dopo la sua libertà condizionata, Gaskins fu arrestato per lo stupro di una ragazza di dodici anni. In attesa del processo, fuggì, ma fu arrestato di nuovo in Georgia e condannato a otto anni di prigione.

Gaskins fu rilasciato sulla parola nel novembre 1968. Dopo il suo rilascio, Gaskins si trasferì nella città di Sumter e iniziò a lavorare in una società di costruzioni. Nel settembre 1969, Gaskins commise una serie di omicidi di autostoppisti che raccolse mentre percorreva le autostrade lungo le zone costiere del Sud americano.

Ha designato questi omicidi con il nome di Coastal Kills: persone, uomini e donne, che ha ucciso per puro piacere in media una volta ogni sei settimane, per placare la sua noia. Torturava e mutilava le sue vittime per tenerle in vita il più a lungo possibile.

Ha confessato tutti i suoi omicidi e i relativi metodi di tortura in dettaglio, tra cui pugnalate, soffocamento e mutilazioni, e ha anche affermato di aver cannibalizzato alcune di loro. Più tardi confessò anche di aver ucciso un totale di ottanta-novanta di queste vittime, anche se questa cifra non è mai stata confermata.

Nel novembre 1970, Gaskins fu colpevole del suo primo Omicidio Grave: persone che conosceva e che uccise per motivi personali. Le prime vittime a rientrare in questa categoria furono la sua stessa nipote, Janice Kirby, 15 anni, e la sua amica Patricia Ann Alsbrook, 17, entrambe picchiate a morte a Sumter, South Carolina, dopo un tentativo fallito di abusare sessualmente di loro.

I successivi gravi omicidi furono commessi per vari motivi: perché avevano deriso Gaskins, tentato di ricattarlo, gli dovevano dei soldi, lo avevano derubato, o perché Gaskins era stato pagato per uccidere la sua vittima.

In contrasto con i suoi Coastal Kills, Gaskins impiegò in questi un metodo un po' più semplice, di solito sparando, prima di seppellirli nelle zone costiere della Carolina del Sud.

L'ultimo arresto

Gaskins fu arrestato il 14 novembre 1975 quando un'associazione criminale di nome Walter Neeleman confessò alla polizia di aver assistito all'omicidio di due giovani di nome Dennis Bellamy, 28 anni, e Johnny Knight, 15 anni.

Neeleman ha anche confessato che Gaskins gli aveva detto di aver ucciso diverse persone scomparse negli ultimi cinque anni. Gli aveva anche detto dove le aveva sepolte. Il 4 dicembre 1975, Gaskins condusse la polizia in un terreno di sua proprietà a Prospect. Qui la polizia scoprì i corpi di otto delle sue vittime.

L'imprigionamento di Gaskins

Il 24 maggio 1976, Gaskins fu processato per otto capi d'accusa di omicidio, riconosciuto colpevole e condannato a morte quattro giorni dopo, il 28 maggio, che fu poi commutata in ergastolo.

Il 2 settembre 1982, Gaskins commise un altro omicidio, per il quale gli fu dato il titolo di Uomo più comune d'America. Mentre era rinchiuso in un blocco di celle di massima sicurezza del South Carolina Correctional Institution, uccise il detenuto del braccio della morte Rudolph Tyner.

Tyner è stato incarcerato per l'omicidio di una coppia di anziani Bill e Myrtle Moon durante una fallita rapina a mano armata al loro negozio.

Gaskins fu assunto da Tony Cimo, figlio di Myrtle Moon, per commettere questo omicidio. Gaskins inizialmente fece diversi tentativi senza successo di uccidere Tyner avvelenando il suo cibo e le sue bevande, prima di scegliere di usare gli esplosivi per ucciderlo.

Per fare questo, Gaskins attaccò un dispositivo simile a una radio portatile al cellulare di Tyner e disse a Tyner che questo avrebbe permesso loro di comunicare tra loro.

Quando Tyner aveva seguito le istruzioni di Gaskins e tenuto il dispositivo (caricato con un esplosivo al plastico C-4, all'insaputa di Tyner) al suo orecchio all'ora stabilita, Gaskins accese l'esplosivo nella sua cella e lo uccise. Gaskins disse in seguito: "L'ultima cosa che Tyner sentì fu la mia risata. "Gaskins fu processato per l'omicidio di Rudolph Tyner e condannato a morte.

La verità sulla vita di Donald Gaskins

Nel braccio della morte, Gaskins raccontò la storia della sua vita a un giornalista di nome Wilton Earle. Così facendo, confessò di aver commesso da 100 a 110 omicidi. Uno di questi fu quello di Margaret "Peg" Cuttino, la figlia dodicenne dell'allora senatore statale della Carolina del Sud James Cuttino, Jr. di Sumter.

Tuttavia, le forze dell'ordine non furono in grado di verificare tutte le sue affermazioni. Nella sua autobiografia, Verità finale, Gaskins scrisse che aveva "uno spirito speciale" che gli aveva dato "il permesso di uccidere". "

Prima del suo arresto, Gaskins era amico della personalità di YouTube Charles Green alias The Angry Grandpa. Dopo l'esecuzione di Gaskins, Green visitò la prigione per vedere la cella di Gaskins. La cella aveva un pentagramma disegnato sul pavimento con il nome di Green scritto sopra. Green sostiene che non sapeva della vera natura di Gaskins.

L'esecuzione di Gaskins fu effettuata il 6 settembre 1991 all'1:10. Fu la quarta persona ad essere giustiziata da quando la pena di morte fu ripristinata nella Carolina del Sud nel 1977.

Poche ore prima di essere scortato alla sedia elettrica del Broad River Correctional Institution, Gaskins ha tentato il suicidio tagliandosi i polsi con una lametta che aveva ingoiato una settimana prima e che aveva tossito di nuovo all'inizio di quel giorno.

8. Ed Gein

Anni di attività: 1953-1982
Paese: Stati Uniti
Omicidi commessi: 2 confermati, 9 cadaveri mutilati
Punizione: Condanna a morte per elettrocuzione

Edward (Ed) Theodore Gein nato a La Crosse, Wisconsin, il 27 agosto 1906 e morto a Madison, Wisconsin, il 26 luglio 1984 è stato un assassino e tombarolo americano. Poiché ha commesso meno di tre omicidi, non può essere definito esattamente come un serial killer, ma a causa della parton nei suoi crimini, abbiamo deciso di scrivere anche su di lui.

Un certo numero di storie e film dell'orrore sono stati basati sulle sue azioni, tra cui **Psycho, Il silenzio degli innocenti** e **The Texas Chain Saw Massacre.**

La gioventù di Ed Gein

Gein crebbe in una famiglia di quattro persone: un padre aggressivo e alcolizzato (George) che era regolarmente disoccupato, una madre molto dominante e religiosa (Augusta), e suo fratello, Henry. Henry morì in giovane età e non è mai stato chiaro se Ed fosse responsabile della sua morte.

Secondo la polizia, Henry è morto in un incendio nella proprietà della famiglia (all'angolo di Archer ave e 2nd ave, Plainfield). Anche se Ed ha detto alla polizia che non sapeva nulla dell'intera vicenda, ha comunque condotto la polizia direttamente al corpo di Henry.

Durante la sua infanzia, sua madre ebbe una grande influenza su Gein. Era molto religiosa e leggeva ogni giorno il Vecchio Testamento (sulla morte, l'omicidio e la punizione di Dio per le cose cattive che una persona fa). Suo padre e suo fratello morirono, così quando anche sua madre morì nel 1945, Gein era da solo. Poiché Gein era stato reso dipendente da sua madre, con la quale aveva un rapporto di amore-odio, pianse come un bambino al suo funerale.

Dopo il funerale di sua madre, ha sbarrato le finestre e le porte del piano superiore, del soggiorno e della camera da letto di sua madre. Ha vissuto nell'altra camera da letto, nella cucina e nel grande fienile.

I primi segni della sua follia

A scuola, Gein era un emarginato. Aveva un QI medio, ma sua madre non gli permetteva di associarsi con i compagni di classe. Ogni volta che cercava di farlo, sua madre lo insultava e lo sminuiva. Durante la sua infanzia è stato molto maltrattato. A causa di questo Gein non era ben sviluppato socialmente ed emotivamente. L'aggressività di sua madre si aggiungeva a questo. Più tardi nella vita, la solitudine portò Gein alla follia.

Era ansioso di riportare sua madre dalla morte e cominciò a fare studi di anatomia. Leggeva anche libri sugli esperimenti nei campi di concentramento durante la seconda guerra mondiale. Poi lesse sul giornale che quel giorno era stata sepolta una donna. Chiese al suo amico Gus di unirsi a lui per dissotterrare il cadavere e usarlo per "esperimenti medici".

Per i dieci anni successivi fece lo stesso. Ogni giorno cercava sul giornale le donne decedute e poi le dissotterrava la sera stessa. Usava la pelle e le ossa per tutti i tipi di oggetti e i muscoli e gli organi li conservava in frigorifero per mangiarli in seguito.

Gein non aveva alcuna esperienza sessuale e confuse i suoi sentimenti per il femminile con il desiderio di diventare egli stesso una donna. Pensò di castrarsi, ma alla fine decise che un vestito di pelle femminile con seni e una vagina lo rendeva sufficientemente femminile. Per soddisfare il suo crescente desiderio di corpi femminili, iniziò a svuotare tombe "fresche" per adornarsi con indumenti fatti di pelle dei cadaveri femminili riesumati.

Gein divenne sempre più abile nella lavorazione della pelle, realizzando, tra le altre cose, una cintura con cucchiai da donna e tamburi rivestiti di pelle di donna, mentre usava teschi come decorazioni e come tazze per bere.

Gli omicidi di Ed Gein

Il 10 dicembre 1954, Gein commise il suo primo omicidio. La vittima era la 54enne Mary Hogan. Poco dopo l'omicidio della sua seconda vittima (Bernice Worden, uccisa il 16 novembre 1957), lo sceriffo lo rintracciò. La casa di Gein fu perquisita, dove furono trovati corpi e oggetti. Gein sostenne che si limitava a "decorare" se stesso e la sua casa, e non si dedicava alla necrofilia o al cannibalismo.

Tuttavia, ha confessato il doppio omicidio. Furono trovati molti oggetti tra cui: un corpo femminile appeso a testa in giù (la testa, l'ano e la vagina erano stati rimossi e c'era una crepa nel petto dalla vagina al collo), due tibie, quattro nasi umani, un tamburo fatto di pelle di donna, ciotole fatte di teschi, nove maschere fatte di vera pelle umana, dieci teste di donna con la parte superiore segata, una scatola di scarpe con nove vagine abbronzate tra cui quella di sua madre, una testa umana appesa, due teste rimpicciolite, due teschi sul suo letto, due labbra appese a una corda e il cuore di una delle sue vittime. La polizia lo sospettava di altri omicidi, poiché le nove vagine abbronzate non potevano essere collegate a cadaveri sepolti, ma non poteva provare altro.

Gein fu trovato pazzo e passò il resto della sua vita nelle cliniche TBS. Il 26 luglio 1984 morì al Waupan State Hospital.

9. H.H. Holmes

Anni di attività: 1888-1894
Paese: Stati Uniti
Omicidi commessi: 9 confermati, oltre 200 stimati
Punizione: Condanna a morte per impiccagione

Herman Webster Mudgett nato a Gilmanton, New Hampshire, il 16 maggio 1861, e morto a Filadelfia, Pennsylvania, il 7 maggio 1896, meglio conosciuto come Dr. Henry Howard Holmes, fu uno dei primi serial killer documentati nel senso moderno del termine.

A Chicago, durante la Fiera Mondiale del 1893, Holmes aprì il World's Fair Hotel, che aveva progettato e costruito allo scopo specifico di commettere omicidi al suo interno.

Anche se alla fine ha confessato 27 omicidi, nove dei quali sono stati confermati, il numero effettivo di omicidi commessi da Holmes potrebbe essere di circa 200.

La gioventù di H.H. Holmes

Mudgett è nato terzo in una famiglia di quattro figli. Il 4 luglio 1878 sposò Clara Lovering ad Alton, New Hampshire. Il loro figlio Robert Lovering Mudgett nacque il 3 febbraio 1880.

Nel 1882 iniziò a studiare medicina al Dipartimento di Medicina e Chirurgia dell'Università del Michigan. Durante i suoi studi, rubò e mutilò dei corpi dal laboratorio dell'università, poi stipulò delle polizze di assicurazione sulla vita degli individui e reclamò il denaro dell'assicurazione con falsi pretesti in cui gli individui erano morti in incidenti. Dopo questo, si trasferì a Chicago per iniziare una carriera come farmacista. Intorno a questo periodo, Mudgett iniziò molte pratiche losche, affari immobiliari e promozionali sotto il nome di H.H. Holmes.

Il 28 gennaio 1887 sposò Myrta Belknapp mentre era ancora sposato con Clara. Poche settimane dopo chiese il divorzio, ma non fu mai ufficializzato. Con Myrta ebbe una figlia, Lucy Theodate Holmes, il 4 luglio 1889.

Il 17 gennaio 1894, Holmes si sposò una terza volta, questa volta con Georgiana Yoke, mentre era ancora ufficialmente sposato con Clara e Myrta. Ebbe anche un'altra relazione con Julia Smythe, la moglie di un suo ex dipendente. Julia sarebbe poi diventata una delle vittime di Holmes.

Chicago e il "Castello degli assassini"

Nel 1886, Holmes si stabilì a Chicago e lavorò nella farmacia della dottoressa Elizabeth S. Holton. Dopo la morte del marito, Holmes rilevò il negozio della dottoressa Holton. Più tardi, Holmes comprò un pezzo di terra di fronte alla farmacia e costruì il suo castello, come la gente del quartiere lo chiamava.

Il nome dell'edificio era World's Fair Hotel e aprì come locanda per la Fiera Mondiale del 1893. Il primo piano del Castello occupava la farmacia trasferita da Holmes e diversi altri negozi, mentre gli ultimi due piani accanto al suo ufficio personale contenevano un labirinto di 100 stanze senza finestre con passaggi dalle forme strane a muri senza uscita, scale che non portavano a nulla, porte che potevano essere aperte solo dall'esterno e altre strutture strane e labirintiche.

Holmes cambiò spesso appaltatori durante la costruzione del Castello, quindi era l'unico a conoscere la disposizione del bizzarro edificio.

Durante la costruzione del Castello, Holmes incontrò Benjamin Pitezel, un uomo con un passato criminale che lavorava come carpentiere nell'edificio. Pitezel sarebbe stato usato da Holmes come aiutante nei suoi crimini. Holmes aveva una preferenza per le vittime femminili, che faceva tra i suoi collaboratori (*per i quali aveva stipulato un'assicurazione sulla vita pagata da Holmes, di cui era il beneficiario e che era inclusa come clausola extra nel loro contratto*), amanti e ospiti.

Alcuni di loro sono stati rinchiusi in camere da letto insonorizzate collegate a linee di gas aperte e poi gassati. Altre vittime venivano chiuse in un enorme focolare vicino al suo ufficio, in cui venivano lasciate a soffocare. Holmes poteva quindi ascoltare il panico e le urla delle sue vittime mentre soffocavano.

I corpi delle sue vittime venivano poi gettati nel seminterrato attraverso uno scivolo segreto. Alcuni di questi corpi venivano poi sezionati e spogliati della loro carne, per essere trasformati in modelli scheletrici e successivamente venduti alle scuole di medicina. Holmes usava anche due grandi forni, calce viva e fosse di acido per smaltire i corpi. Inoltre, la sua cantina conteneva diversi tipi di veleni e strumenti di tortura. A causa del suo background medico e delle sue connessioni nella comunità medica, non fu difficile per Holmes vendere gli scheletri e gli organi.

L'arresto di Holmes

Dopo l'Esposizione Universale, Holmes lasciò Chicago, per evitare i creditori. Andò a Fort Worth, Texas, dove aveva ereditato delle proprietà da due sorelle, una delle quali aveva promesso di sposare per poi ucciderle entrambe. Il suo piano era di creare qui un nuovo castello, come aveva fatto in precedenza a Chicago.

Dopo poco tempo, però, interruppe questo progetto. In seguito, si spostò negli Stati Uniti e in Canada. Gli unici omicidi confermati di questo periodo furono quelli del suo complice di lunga data Benjamin Pitezel e di tre dei suoi figli.

Holmes aveva escogitato di far fingere a Pitezel la propria morte, dopo di che la moglie di Pitezel avrebbe potuto riscuotere i 10.000 dollari dell'assicurazione sulla vita di lui e li avrebbe divisi con Holmes e il suo avvocato Jeptha Howe. Pitezel, come inventore sotto il nome di B.F. Perry, sarebbe dovuto morire nell'esplosione di un laboratorio, con il corpo gravemente martoriato. Holmes avrebbe dovuto trovare un corpo per assumere il ruolo di Pitezel. Invece, Holmes uccise l'ignaro Pitezel con il cloroformio e riscosse l'assicurazione sulla vita già stipulata su Pitezel stesso. Holmes ha poi convinto l'ignara vedova di Pitezel a mettere con lui tre dei loro cinque figli, illudendola che il marito fosse a Londra. Avrebbe anche ucciso i tre bambini durante il suo viaggio.

Il 17 novembre 1894, Holmes fu arrestato in presenza della sua ignara moglie, essendo stato tradito da un ex compagno di cella che aveva incontrato quando era stato brevemente detenuto qualche tempo prima per truffa di cavalli. Alla fine fu rintracciato da un detective di Pinkerton e detenuto di nuovo per truffa di cavalli.

Dopo che il direttore del Castello informò la polizia che non gli era permesso entrare nei piani superiori dell'edificio, la polizia iniziò un'indagine approfondita e nei mesi successivi le pratiche di Holmes furono smascherate.

Il numero totale delle vittime è stimato tra 20 e 100. In base alle denunce di persone scomparse che hanno visitato la World's Fair ma non sono più tornate a casa e alle dichiarazioni dei vicini di Holmes, che lo hanno visto entrare regolarmente con giovani donne ma non le hanno più viste uscire, il numero potrebbe anche essere 200. Le vittime di Holmes erano principalmente donne (bionde), ma anche alcuni uomini e bambini caddero preda sua.

Processo ed esecuzione

Nell'ottobre 1895, Holmes fu condannato per l'omicidio di Benjamin Pitezel. Dopo la sua condanna, Holmes ha ammesso 27 omicidi, ma stranamente, alcuni di quelli che ha nominato erano ancora vivi.

Durante questo periodo, fece diverse dichiarazioni contraddittorie sulla sua vita, prima sostenendo di essere innocente e poi affermando di essere stato posseduto da Satana. Il 7 maggio 1896 fu impiccato nella prigione di Moyamensing a Philadelphia. Il collo di Holmes non si ruppe nella caduta; invece, rimase appeso alla forca fluttuando per più di quindici minuti, e solo dopo venti minuti fu dichiarato morto. Holmes fu sepolto nel cimitero di Holy Cross a Yeadon.

Il castello fu in gran parte distrutto da un incendio nell'agosto 1895. I resti dell'edificio furono demoliti nel 1938.

10. Theodore Kaczynski

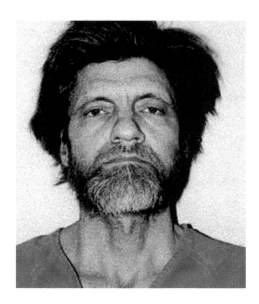

Anni di attività: 1978-1995
Paese: Stati Uniti
Omicidi commessi: 3 confermati
Punizione: Ergastolo

Theodore John (Ted) Kaczynski, nato a Chicago il 22 maggio 1942, soprannominato Unabomber, è un matematico americano, critico sociale neoluddista ed estremista, che ha realizzato una serie di attentati con lettere bomba che hanno provocato diversi morti e feriti. Dopo un'indagine durata anni, è stato finalmente arrestato il 3 aprile 1996, nella sua baita nei boschi del Montana.

Kaczynski è stato descritto nelle riflessioni pubblicate dopo la sua condanna nel 1998 come un prodigio intellettuale che eccelleva nella scuola. Ha studiato all'Università di Harvard e ha ricevuto il suo dottorato in matematica all'Università del Michigan.

A venticinque anni divenne professore associato all'Università della California, Berkeley, dove si dimise dopo due anni.

Nel 1971, si è trasferito in una capanna remota senza elettricità o acqua corrente a Lincoln, Montana, dove ha iniziato a imparare le abilità di sopravvivenza nel tentativo di diventare indipendente dal mondo esterno. Arrivò a iniziare una campagna di bombardamenti dopo aver visto la natura selvaggia intorno a lui distrutta da progetti di sviluppo. Durante il periodo dal 1978 al 1995, Kaczynski inviò 16 lettere bomba a vari obiettivi, tra cui università e compagnie aeree, uccidendo tre persone e ferendone 23. Il 24 aprile 1995, Kaczynski inviò una lettera al New York Times promettendo di "fermare il suo terrorismo" se il Times o il Washington Post avessero pubblicato il suo manifesto.

Nel suo Industrial Society and Its Future, chiamato anche il "Manifesto di Unabomber", ha sostenuto che i suoi bombardamenti erano estremi ma necessari per attirare l'attenzione sull'erosione della libertà umana causata dalle tecnologie moderne che richiedono una strutturazione su larga scala.

Unabomber fu l'obiettivo di una delle indagini più costose del Federal Bureau of Investigation (FBI). Prima che si conoscesse l'identità di Kaczynski, l'FBI usò il nome in codice "UNABOM" ("University and Airline Bomber") per riferirsi a questo caso. Questo portò i media a chiamarlo Unabomber.

Nonostante gli sforzi dell'FBI, non fu catturato in seguito a quella scoperta. Invece, suo fratello riconobbe lo stile di scrittura e le opinioni di Kaczynski dal manifesto e informò l'FBI. Per evitare la pena di morte, gli avvocati di Kaczynski entrarono in quello che è noto come un patteggiamento, in cui si dichiarò colpevole e fu condannato all'ergastolo senza possibilità di libertà condizionata.

Kaczynski è stato caratterizzato dall'FBI come un "terrorista cresciuto in casa". Le opinioni di Kaczynski ricevono il sostegno di alcuni scrittori anarcoprimitivisti, come John Zerzan e John Moore, nonostante essi nutrano riserve sulle sue azioni e idee.

La gioventù di Ted Kaczynski

Kaczynski è nato in una famiglia di origine polacca, a Chicago, Illinois. I suoi genitori, Theodore Richard Kaczynski e Wanda Dombek, erano polacchi americani di seconda generazione. Kaczynski ha frequentato le prime quattro classi della scuola elementare alla Sherman Elementary School di Chicago, e le ultime quattro alla Evergreen Park Central school.

Come risultato di un test psicologico in quinta elementare, che mostrò che aveva un QI di 167, gli fu permesso di saltare la sesta elementare e passare direttamente alla settima. Kaczynski in seguito descrisse questo come un momento cruciale della sua vita. Ha ricordato di non andare d'accordo con i bambini più grandi e di essere infastidito dalle loro parolacce e dal loro bullismo.

Da bambino, Kaczynski aveva paura delle persone e degli edifici e di solito giocava da solo. Sua madre era così preoccupata per il suo scarso sviluppo sociale che pensò di farlo partecipare ad uno studio sui bambini autistici, condotto da Bruno Bettelheim.

Ha frequentato la scuola superiore alla Evergreen Park Community High School. Kaczynski fu descritto come antisociale e molti dei suoi compagni di classe lo ricordano come un tranquillo solitario. Kaczynski andava bene a scuola, ma al secondo anno trovava la matematica troppo facile. Durante quel periodo della sua vita, Kaczynski divenne ossessionato dalla matematica, passando ore nella sua stanza a lavorare sulle equazioni differenziali.

Di conseguenza, fu trasferito in una classe di matematica più avanzata, in cui si sentiva ancora intellettualmente bloccato. Kaczynski padroneggiò rapidamente il materiale e saltò l'undicesima classe. Con l'aiuto di un corso di inglese in una scuola estiva, completò la sua istruzione superiore a quindici anni. Fu incoraggiato ad iscriversi all'Università di Harvard, dove fu ammesso come studente a sedici anni, nell'autunno del 1958.

Ad Harvard, Kaczynski frequentò il college con il famoso logico Willard Van Orman Quine e fu tra i migliori studenti della classe di Quine, con un punteggio finale del 98,9%. Ha anche partecipato a uno studio pluriennale sulla personalità condotto dal dottor Henry Murray, un esperto in interviste sullo stress.

Nello studio di Murray sponsorizzato dalla Central Intelligence Agency (CIA), agli studenti è stato detto di discutere la loro filosofia personale con un compagno di studi. Invece, sono stati sottoposti a uno stress test, che consisteva in un approccio psicologico estremamente duro da parte di un accusatore anonimo.

Durante il test, gli studenti erano legati ad una sedia e collegati ad elettrodi che registravano le loro reazioni psicologiche mentre guardavano verso luci brillanti e venivano visti attraverso uno specchio trasparente. Questo è stato filmato e le espressioni degli studenti della loro rabbia impotente sono state riprodotte per loro diverse volte più tardi nello studio.

Secondo Chase, le registrazioni su Kaczynski di quel periodo mostrano che era emotivamente stabile quando iniziò quell'indagine. Gli avvocati di Kaczynski attribuiscono parte della sua instabilità emotiva e l'avversione al controllo del pensiero alla sua partecipazione a quell'indagine.

La carriera di Kaczynski

Kaczynski si è laureato ad Harvard nel 1962 all'età di 20 anni e poi si è iscritto all'Università del Michigan, dove ha ottenuto la sua laurea e un dottorato di ricerca in matematica La specialità di Kaczynski era una parte dell'analisi complessa conosciuta come teoria delle funzioni geometriche. Ottenne il suo dottorato con una dissertazione intitolata "Boundary

Functions", in cui risolse in meno di un anno un problema che uno dei suoi professori del Michigan, George Piranian, non era riuscito a fare.

Quest'ultimo ha poi osservato su Kaczynski: "Non basta dire che è intelligente". Maxwell Reade, professore emerito di matematica, che fu uno dei promotori di Kaczynski, osservò a proposito della sua tesi di laurea: "Suppongo che forse 10 o 12 persone nel paese l'abbiano capita o apprezzata".

Nel 1967, Kaczynski vinse il premio Sumner B. Myers dell'Università del Michigan per un importo di 100 dollari, perché la sua tesi fu considerata la migliore in matematica quell'anno.

Mentre era ancora studente di dottorato al Michigan, ricevette una borsa di studio dalla National Science Foundation e passò tre anni a dare lezioni agli studenti più giovani. Pubblicò in riviste di matematica due articoli relativi alla sua tesi e più tardi altri quattro, dopo che aveva già lasciato il Michigan.

Nell'autunno del 1967, Kaczynski divenne assistente professore di matematica all'Università della California - Berkeley. Fu il più giovane professore mai nominato dall'università.

Questo durò solo un breve periodo, tuttavia; senza dare alcuna motivazione, Kaczynski si dimise nel 1969, quando aveva 26 anni. Il presidente della facoltà di matematica J.W. Addison definì quelle dimissioni "improvvise e inaspettate", mentre il vicepresidente Calvin Moore disse che, data la dissertazione "impressionante" di Kaczynski e la serie di pubblicazioni, "avrebbe potuto ottenere un dottorato e poi essere uno degli assistenti principali della facoltà a questo punto".

La vita nel Montana

Nell'estate del 1969, Kaczynski si trasferì nella piccola casa dei suoi genitori a Lombard, Illinois. Due anni dopo, si trasferì in una cabina remota che aveva costruito lui stesso a Lincoln, Montana, dove visse una vita semplice con pochi soldi, senza elettricità o acqua corrente. Kaczynski aveva alcuni lavori occasionali e riceveva sostegno finanziario dalla sua famiglia, che usò per acquistare il suo pezzo di terra e più tardi, all'insaputa della sua famiglia, per finanziare la sua campagna di lettere bomba. Per un breve periodo nel 1978, lavorò con suo padre e suo fratello in una fabbrica di gommapiuma.

L'intenzione originale di Kaczynski era di ritirarsi in un luogo isolato e diventare indipendente dal mondo esterno in modo da poter vivere autonomamente. Cominciò a insegnare a se stesso le abilità di sopravvivenza, come seguire le tracce, riconoscere le piante commestibili e costruire strumenti primitivi come i trapani ad arco. Tuttavia, ben presto si rese conto che non sarebbe stato in grado di continuare a vivere in quel modo, poiché vide le terre selvagge intorno a lui essere distrutte da progetti di bonifica e dall'industria.

Inizialmente, ha compiuto atti isolati di sabotaggio, prendendo di mira gli sviluppi vicino alla sua cabina.

Il punto di rottura definitivo che lo portò a iniziare la sua campagna di bombardamenti fu quando fece un viaggio in uno dei suoi luoghi selvaggi preferiti e vide che era stato distrutto e sostituito da una strada. A questo proposito disse:

Per me, il punto migliore era il più grande residuo di questo altopiano roccioso che risale al Terziario. È una specie di area ondulata, non piatta, e quando si arriva al bordo si vedono questi canyon che tagliano pendii rocciosi molto ripidi. C'era anche una cascata. Era a circa due giorni di cammino dalla mia capanna. Quello è stato il posto migliore fino all'estate del 1983.

Quell'estate c'era troppa gente intorno alla mia capanna, così decisi che avevo bisogno di un po' di riposo. Tornai all'altopiano e quando arrivai scoprii che avevano costruito una strada proprio attraverso di esso". La sua voce vacillò; si fermò un momento e continuò: "Non puoi immaginare quanto fossi sconvolto.

In quel momento, ho deciso che invece di cercare di insegnarmi altre "abilità nella natura", avrei fatto pagare il sistema. Vendetta. -Ted Kaczynski

Cominciò a dedicarsi alla lettura di libri di sociologia e di filosofia politica, come i libri di Jacques Ellul, e intensificò anche le sue attività di sabotaggio.

Tuttavia, arrivò presto alla conclusione che solo metodi più violenti avrebbero fornito una soluzione, a quello che vedeva come il problema della civiltà industriale.

Ha raccontato di aver perso la fiducia nell'idea di riforma, e di vedere il crollo violento come l'unico modo per porre fine al sistema tecno-industriale. Sull'idea di mezzi pacifici di riforma per abbatterlo ha detto:

Non credo sia possibile. In parte a causa della tendenza umana nella maggior parte delle persone - ci sono eccezioni - a scegliere il percorso di minor resistenza. Sceglieranno la via d'uscita più facile, ma rinunciare alla tua auto, alla tua televisione, alla tua elettricità, non è la via di minor resistenza per la maggior parte delle persone.

Per come la vedo io, non credo che ci sia nemmeno un modo regolato o diretto per smantellare il sistema industriale. Penso che l'unico modo in cui possiamo liberarcene è se cade e crolla....

Il grande problema è che la gente non crede che la rivoluzione sia possibile e non è possibile proprio perché non crede che sia possibile. Penso che il movimento eco-anarchico abbia fatto molto, ma penso che potrebbe fare *meglio... I veri rivoluzionari dovrebbero prendere le distanze dai riformatori...*

E penso che sarebbe bene che ci fosse uno sforzo cosciente per introdurre il maggior numero possibile di persone al wilderness. Tutto sommato, penso che non dovremmo cercare di convincere la maggioranza delle persone o dimostrare che abbiamo ragione, ma cercare di aumentare le tensioni nella società fino al collasso.

Per creare una situazione in cui le persone saranno così a disagio che si rivolteranno. Quindi, la questione è come aumentare queste tensioni. -Ted Kaczynski

I bombardamenti

La prima lettera bomba fu inviata alla fine di maggio 1978 al professore di scienze dei materiali Buckley Crist della Northwestern University. Il pacco fu trovato in un parcheggio dell'Università dell'Illinois a Chicago, con Crist come mittente.

Il pacco fu "restituito" a Crist. Tuttavia, quando Crist ha preso in consegna il pacco, ha notato che l'indirizzo non era scritto con la sua grafia.

Trovando un pacchetto che non aveva spedito lui stesso sospetto, ha contattato l'ufficiale di polizia del campus Terry Marker, che ha aperto il pacchetto - è immediatamente esploso. Anche se Marker ha subito solo ferite minime, la sua mano sinistra è stata così danneggiata che ha richiesto cure mediche all'ospedale di Evanston.

La bomba era fatta di metallo che poteva provenire da un negozio di fai da te. Il componente principale era un pezzo di tubo di metallo, di circa 25 mm di diametro e 230 mm di lunghezza. La bomba conteneva un esplosivo senza fumo e la scatola e i tappi, che sigillavano le estremità del tubo, erano fatti a mano in legno.

Tuttavia, la maggior parte delle bombe a tubo usano estremità metalliche filettate, disponibili in molti negozi di ferramenta. I tappi di legno non sono abbastanza forti per garantire che una grande quantità di pressione si accumuli all'interno del tubo, ed è per questo che la bomba non ha causato gravi danni. Il primitivo meccanismo di accensione usato nella bomba era un chiodo allungato da elastici, che quando la scatola veniva aperta doveva colpire sei normali teste di fiammifero. Le teste dei fiammiferi avrebbero immediatamente preso fuoco e acceso l'esplosivo. Tuttavia, quando il chiodo colpì le teste dei fiammiferi, solo tre si accesero. Una tecnica più efficiente, usata in seguito da Kaczynski, sarebbe stata quella di usare batterie e filamenti, che avrebbero acceso l'esplosivo più velocemente e più efficacemente.

Il primo attentato nel 1978 fu seguito da lettere bomba inviate ai funzionari della compagnia aerea, e nel 1979, una bomba fu collocata nella stiva del volo American Airlines 444, un Boeing 727, in volo da Chicago a Washington, D.C. La bomba cominciò a fumare e costrinse il pilota a fare un atterraggio di emergenza.

Molti passeggeri hanno dovuto essere curati per l'inalazione del fumo. Solo un'impropria regolazione del meccanismo di temporizzazione ha impedito alla bomba di esplodere. Gli esperti hanno detto che aveva abbastanza potenza esplosiva per "distruggere l'aereo".

Poiché bombardare un aereo di linea negli Stati Uniti è un crimine federale, l'FBI fu chiamata dopo questo incidente, che andò sotto il nome in codice "UNABOM" ("University and Airline Bomber"). Chiamarono il sospetto anche "Dump Bomber", a causa del materiale usato per fabbricare le bombe. Nel 1980, il sovrintendente John Douglas, lavorando con l'unità di scienze comportamentali dell'FBI, fece circolare un profilo psicologico dell'assalitore sconosciuto, descrivendo il criminale come un uomo di intelligenza superiore alla media e con contatti con il mondo accademico.

Questo profilo fu successivamente perfezionato, caratterizzando il criminale come un neo-luddista con una laurea in scienze, ma questo profilo psicologicamente fondato fu abbandonato nel 1993 in favore di una teoria alternativa sviluppata dagli analisti dell'FBI che si concentrarono su prove tangibili nei frammenti di bomba trovati. In questo profilo concorrente, il sospetto dell'attentato fu descritto come un meccanico di aerei.

Un numero telefonico separato 1-800-701-BOMB è stato aperto dall'unità speciale UNABOM, per qualsiasi chiamata che potrebbe essere utile nell'indagine Unabomber, e una ricompensa di 1 milione di dollari è stata offerta per chiunque possa fornire informazioni che portino alla cattura di Unabomber.

Le vittime

La prima ferita grave si è verificata nel 1985, quando John Hauser, uno studente di dottorato e capitano della United States Air Force, perse quattro dita e la vista in un occhio. Le bombe erano tutte fatte a mano e consistevano in parti di legno. All'interno delle bombe, alcune parti portavano la scritta "FC". Kaczynski spiegò in seguito che le iniziali significavano "Freedom Club". Nel 1985, il proprietario di un negozio di computer in California, Hugh Scrutton, 38 anni, fu ucciso da una bomba carica di chiodi e schegge che era stata piazzata nel parcheggio del suo negozio. Un attacco simile contro un negozio di computer avvenne a Salt Lake City, Utah, il 20 febbraio 1987.

La bomba, che sembrava un pezzo di legno, ha ferito Gary Wright quando ha cercato di rimuoverla dal parcheggio del negozio. L'esplosione ha reciso i nervi nel braccio sinistro di Wright e ha sparato più di 200 frammenti di metallo nel suo corpo.

Il fratello di Kaczynski, David - che avrebbe giocato un ruolo decisivo nella futura cattura di Ted avvertendo le autorità federali del possibile coinvolgimento del fratello nei casi Unabomber - rintracciò Wright dopo l'arresto di Ted nel 1996 e divenne suo amico. David Kaczynski e Wright sono rimasti amici e occasionalmente tengono insieme discorsi sulla riconciliazione.

Dopo una pausa di sei anni, Kaczynski colpì di nuovo nel 1993, inviando un pacco bomba a David Gelernter, un professore di informatica all'Università di Yale. Anche se fu gravemente ferito, alla fine si riprese. Un altro pacco bomba inviato quello stesso fine settimana fu indirizzato all'indirizzo di casa del genetista Charles Epstein dell'Università della California, San Francisco, che perse diverse dita quando lo aprì. Kaczynski chiamò poi il fratello di Gelernter, Joel Gelernter, un genetista comportamentale, e minacciò "tu sei il prossimo".

Anche il genetista Phillip Allen Sharp del Massachusetts Institute of Technology ricevette una lettera minatoria due anni dopo. Kaczynski scrisse una lettera al New York Times affermando che il suo "gruppo", il FC, era responsabile degli attacchi. Nel 1994, Thomas J. Mosser, l'amministratore delegato di Burson-Marsteller, fu ucciso da una lettera bomba inviata al suo indirizzo di casa a North Caldwell, New Jersey.

In un'altra lettera al New York Times, Kaczynski dichiarò che la FC aveva "fatto saltare in aria Thomas Mosser perché Burston-Marsteller era stato utile alla Exxon per lucidare la sua immagine dopo il disastro della Exxon Valdez" e, soprattutto, perché "la sua occupazione è sviluppare tecniche per manipolare il comportamento della gente".

Questo fu seguito nel 1995 dall'assassinio di Gilbert Murray, presidente della California Forestry Association, il gruppo di pressione dell'industria del legname, da una lettera bomba in realtà destinata al presidente precedente, William Dennison, che si era già ritirato.

Il totale di 16 bombe - che ferirono 23 persone e ne uccisero tre - fu attribuito a Kaczynski. Mentre la costruzione delle bombe variava molto nel corso degli anni, tutte tranne la prima portavano le iniziali "FC". Le impronte digitali trovate su alcuni dei dispositivi, non corrispondevano alle impronte trovate sulle lettere attribuite a Kaczynski. La dichiarazione dell'FBI recitava:

203. Le impronte nascoste situate sui dispositivi inviati e/o collocati dalla persona UNABOM sono state confrontate con le impronte trovate sulle

lettere attribuite a Theodore Kaczynski. Secondo il laboratorio dell'FBI, non c'è correlazione forense tra i due campioni.

Una delle tattiche di Kaczynski era quella di lasciare falsi indizi in ogni bomba. Di solito li rendeva difficili da trovare, per fuorviare deliberatamente gli investigatori, facendo loro credere di avere un indizio. Il primo indizio era una placca di metallo con le lettere "FC" punzonate, nascosta da qualche parte (di solito nel tappo all'estremità del tubo) in ogni bomba.

Un altro falso indizio che lasciò fu uno scarabocchio in una bomba, che non esplose, che recitava "Oy-it works! Te l'avevo detto che avrebbe funzionato - RV". Un indizio più ovvio erano i francobolli da 1 dollaro con l'immagine di Eugene O'Neill usati per spedire i suoi pacchi. Una delle sue bombe era incorporata in una copia del romanzo di Sloan Wilson, Ice Brothers.

Il manifesto di Kaczynski

Nel 1995, Kaczynski inviò diverse lettere, alcune alle sue precedenti vittime, delineando i suoi obiettivi e chiedendo che il suo saggio di 35.000 parole "La società industriale e il suo futuro" (chiamato anche il "Manifesto di Unabomber") fosse pubblicato testualmente su un giornale o una rivista importante; dichiarò che avrebbe poi cessato la sua campagna terroristica. C'era una considerevole divisione sul fatto che questo dovesse essere fatto o meno. Seguì un'altra lettera che minacciava di uccidere altre persone; per preoccupazione della sicurezza pubblica, il Dipartimento di Giustizia degli Stati Uniti raccomandò che fosse pubblicata. Poi il pamphlet fu pubblicato dal New York Times e dal Washington Post il 19 settembre 1995, anche nella speranza che qualcuno riconoscesse lo stile di scrittura.

Anche prima della decisione del New York Times di pubblicare il manifesto, Bob Guccione di Penthouse si era offerto di pubblicarlo, ma Kaczynski rispose che poiché Penthouse era meno "prominente" degli altri media, in quel caso si sarebbe "riservato il diritto di piantare un'altra (e in realtà una sola) bomba con l'intento di uccidere, dopo che il 'nostro' manoscritto fosse pubblicato".

In tutto il manoscritto, che è stato prodotto con una macchina da scrivere senza la possibilità di lettere inclinate, Kaczynski scrive intere parole in lettere maiuscole, per enfatizzarle.

Si riferisce sempre a se stesso come "noi" o "FC" (Freedom Club), anche se sembra che abbia agito da solo. L'autore Henry Holt nota che la scrittura di Kaczynski, a parte i segni di collegamento alternati, non contiene praticamente nessun errore ortografico o grammaticale, nonostante sia stata scritta con una macchina da scrivere, senza le capacità di un elaboratore di testi o di un correttore ortografico.

Industrial Society and Its Future inizia con la dichiarazione di Kaczynski che "la rivoluzione industriale e le sue conseguenze sono state un disastro per l'umanità". I primi paragrafi del testo sono dedicati a un'analisi psicologica di vari gruppi - principalmente di sinistra e scienziati - e alle conseguenze psicologiche per l'individuo di vivere nel "sistema industriale-tecnologico".

I paragrafi seguenti speculano sulla futura evoluzione di questo sistema, sostengono che porterà inevitabilmente alla fine della libertà umana, chiedono una "rivoluzione contro la tecnologia" e cercano di indicare come questo potrebbe essere realizzato.

Analisi psicologica

Nel primo e nell'ultimo paragrafo, egli discute la sinistra come movimento e analizza la psicologia dei sinistrati, sostenendo che essi sono i "veri credenti", nel senso di Eric Hoffer, che partecipano a un potente movimento sociale per compensare la loro mancanza di potere proprio. Afferma inoltre che la sinistra, come movimento, è guidata da una certa minoranza di sinistra che lui chiama "ipersocializzati".

Le norme e i valori della nostra società esigono così tanto da noi che nessuno può pensare, sentire e agire completamente secondo la morale prevalente. Alcune persone sono così socializzate che i loro sforzi di pensare, sentire e agire moralmente pesano sulle loro spalle come un pesante fardello.

Per non sentirsi in colpa, devono costantemente mantenere le apparenze per se stessi, e trovare spiegazioni morali per sentimenti e azioni che in realtà hanno un'origine non morale. Chiamiamo queste persone "ipersocializzate".

Continua a spiegare come il carattere della sinistra sia determinato dalle conseguenze psicologiche della "sovrasocializzazione". Kaczynski attribuisce i problemi sociali e psicologici della società moderna a quanto segue: *"questa società costringe le persone a vivere in condizioni radicalmente diverse da quelle in cui l'umanità si è evoluta, e a comportarsi in modo tale da andare contro i modelli di comportamento a cui l'uomo era tradizionalmente abituato"*.

Egli nota inoltre che la causa principale della lunga lista di problemi sociali e psicologici nella società di oggi è la rottura del "processo di potere", che secondo lui consiste di quattro elementi:

I tre elementi più chiaramente distinguibili sono chiamati: obiettivo, sforzo e raggiungimento dell'obiettivo. (Tutti hanno bisogno di obiettivi che possono essere raggiunti solo attraverso lo sforzo, e tutti hanno il bisogno di raggiungere almeno alcuni di questi obiettivi). Il quarto elemento è più difficile da definire e può non essere necessario per tutti. Lo chiamiamo autonomia e ci torniamo sopra.

Dividiamo le pulsioni umane in tre gruppi:

1. gli impulsi che possono essere soddisfatti con il minimo sforzo;

2. gli impulsi che possono essere soddisfatti, ma solo con grande sforzo;
3. Pulsioni che non possono essere adeguatamente soddisfatte, non importa quanto sforzo si faccia per soddisfarle. Il processo di potere è il processo di soddisfare le pulsioni del secondo gruppo".

Kaczynski sostiene poi che "nella società industriale di oggi, gli impulsi umani naturali sono per lo più spinti nella prima e nella terza categoria, mentre il secondo gruppo consiste sempre più di impulsi indotti artificialmente". Tra questi impulsi ci sono le "attività surrogate", attività dirette verso un obiettivo artificiale che le persone si prefiggono solo per lavorare verso qualcosa, in altre parole, "solo per la 'soddisfazione' che derivano dal perseguire un obiettivo".

Egli sostiene che la ricerca scientifica è un'attività surrogata per gli scienziati e che per questo motivo "la scienza persegue ciecamente il suo corso, senza alcun riguardo per il reale benessere dell'umanità o per qualsiasi altra misura, solo per soddisfare i bisogni psichici degli scienziati e dei funzionari governativi e degli imprenditori che forniscono i fondi per la loro ricerca".

Analisi storica

Nei paragrafi finali del manifesto, Kaczynski definisce attentamente cosa intende per libertà e argomenta che sarebbe "terribilmente difficile riformare il sistema industriale in modo tale da evitare una sempre maggiore limitazione della nostra libertà".

Dice che "nonostante tutti i suoi progressi tecnici riguardo al comportamento umano, il sistema attuale non ha raggiunto risultati impressionanti nel controllo degli esseri umani" e prevede che "se il sistema riuscirà abbastanza rapidamente a mettere il comportamento umano sufficientemente sotto controllo, probabilmente sopravvivrà. In caso contrario, crollerà" e che "è molto probabile che la questione venga risolta nei prossimi decenni. Tra quaranta o cento anni ne sapremo di più". Egli fornisce diverse possibilità distopiche per il tipo di società che emergerebbe nel primo caso. Afferma che, a differenza della riforma, la rivoluzione è possibile, e invita i lettori compassionevoli a iniziare una tale rivoluzione, utilizzando due strategie: "aumentare le tensioni sociali per aumentare la probabilità di un collasso" e "sviluppare e propagare un'ideologia che si opponga alla tecnologia".

Egli fa diverse raccomandazioni tattiche, tra cui evitare l'usurpazione del potere politico, evitare ogni cooperazione da parte della sinistra, e sostenere gli accordi di libero scambio per ridurre l'economia mondiale ad una più fragile e unificata.

Conclude dicendo che questo manifesto "ha ritratto la sinistra nella sua forma attuale come un fenomeno caratteristico del nostro tempo e come un sintomo della rottura del processo di potere" ma che non è "in grado di affermare con certezza che tali movimenti sono esistiti prima della sinistra attuale" e dice che "questa è una questione importante a cui gli storici dovrebbero prestare attenzione".

Pubblicazioni correlate di Ted Kaczynski

Come critica alla società tecnologica, il manifesto riecheggia i critici contemporanei della tecnologia e dell'industrializzazione, tra cui John Zerzan, Herbert Marcuse, Max Weber, Fredy Perlman, Jacques Ellul (il cui libro La società tecnologica fu citato in un saggio senza nome scritto da Kaczynski nel 1971), Lewis Mumford, Neil Postman, e Derrick Jensen. L'idea della "perturbazione del processo di potere" riecheggiava anche i critici sociali che sottolineavano la mancanza di lavoro significativo come la causa principale dei problemi sociali, tra cui Mumford, Paul Goodman, ed Eric Hoffer (a cui Kaczynski si riferisce esplicitamente).

Il tema principale è stato affrontato anche da Aldous Huxley nel suo romanzo distopico Brave New World, a cui Kaczynski fa riferimento. Le idee di "sovrasocializzazione" e "attività surrogate" ricordano Das Unbehagen in der Kultur di Freud e le sue teorie di razionalizzazione e sublimazione (quest'ultimo termine è usato tre volte nel manifesto, e due volte nelle citazioni, per descrivere le attività surrogate).

In un articolo di Wired sui pericoli della tecnologia, intitolato "Perché il futuro non ha bisogno di noi", Bill Joy, cofondatore di Sun Microsystems, ha citato The Age of Spiritual Machines di Ray Kurzweil, che cita un passaggio di Kaczynski sulle forme di società che potrebbero emergere se il lavoro umano fosse completamente sostituito dall'intelligenza artificiale.

Joy ha scritto che anche se le azioni di Kaczynski erano "omicide" e "a mio parere criminalmente folli", "per quanto sia difficile per me ammetterlo, ho ancora visto qualche merito nel ragionamento in quel singolo passaggio. Mi sono sentito obbligato ad affrontarlo".

Il diario di Unabomber

Kaczynski teneva un diario per uso personale, in cui dettagliava anche i piani futuri di distruzione. I diari furono trovati durante una perquisizione della sua cabina nel 1996. Tuttavia, i diari risultarono illeggibili perché Kaczynski aveva applicato un algoritmo di crittografia sviluppato da lui stesso per mantenere le informazioni segrete. La routine di crittografia risultava in stringhe di numeri, trattini e spazi scritti da Kaczynski su fogli di appunti per raccoglitori ad anelli.

L'FBI e la CIA non riuscirono a decifrare il codice. La decrittazione si rivelò possibile solo dopo il ritrovamento accidentale di una nota di Kaczynski in cui indicava come doveva essere fatta la decrittazione. Frecce e colori indicavano il percorso di lettura e decifrazione. Inoltre, la decrittazione doveva avvenire in diverse fasi e cicli.

Secondo l'esperto di crittografia Bruce Schneier, l'algoritmo potrebbe essere il più complicato dalla seconda guerra mondiale. Kaczynski è stato in grado di sviluppare questo algoritmo grazie alla sua formazione accademica di matematico.

Rintracciare Ted Kaczynski

Prima della pubblicazione del manifesto, la moglie del fratello di Theodore Kaczynski lo aveva esortato a fare qualcosa riguardo ai sospetti che Theodore fosse Unabomber.

La reazione iniziale di David Kaczynski fu di rifiuto, ma gradualmente cominciò a prendere la possibilità sempre più seriamente, avendo letto il manifesto una settimana dopo la sua pubblicazione nel settembre 1995. David Kaczynski sfogliò vecchie carte di famiglia e trovò delle lettere, scritte da Ted negli anni '70 e inviate ai giornali, che protestavano contro l'uso improprio della tecnologia e che contenevano parole simili a quelle che si trovavano nel Manifesto di Unabomber.

Prima della pubblicazione del manifesto, l'FBI aveva tenuto numerose conferenze stampa per ottenere l'aiuto del pubblico nell'identificazione di Unabomber. Erano convinti che l'attentatore provenisse dalla zona di Chicago (dove iniziò i suoi attacchi), che avesse lavorato o avesse qualche relazione con Salt Lake City, e intorno al 1990 era associato all'area della baia di San Francisco.

Sia questa informazione geografica che la scelta delle parole nei riassunti del manifesto, che erano stati pubblicati prima che l'intero manifesto fosse apparso, avevano convinto la moglie di David Kaczynski, Linda, a sollecitare suo marito a leggere il manifesto. Dopo la pubblicazione del manifesto, l'FBI ricevette per mesi più di mille telefonate al giorno in risposta all'offerta di una ricompensa di un milione di dollari per informazioni che avrebbero portato all'identità di Unabomber.

Un gran numero di lettere sono state inviate anche all'unità speciale UNABOM sostenendo di essere di Unabomber. Le migliaia di indizi furono esaminati attentamente. Mentre l'FBI lavorava su nuovi indizi, David Kaczynski ingaggiò prima un investigatore privato, Susan Swanson di Chicago, per rintracciare cautamente i luoghi di Ted. I fratelli Kaczynski si erano separati nel 1990, e David non vedeva Ted da dieci anni. Più tardi, David assunse l'avvocato Tony Bisceglie di Washington, D.C., per organizzare le prove raccolte dalla Swanson e per contattare l'FBI, poiché non era chiaramente facile ottenere l'attenzione dell'FBI. Voleva proteggere suo fratello dal pericolo di un'incursione dell'FBI, come era successo a Ruby Ridge e Waco, perché sapeva che Ted non doveva avere niente a che fare con il contatto con l'FBI e probabilmente avrebbe reagito in modo avventato o violento.

All'inizio del 1996, Tony Bisceglie contattò l'ex negoziatore di ostaggi e profiler dell'FBI Clinton R. Van Zandt. Bisceglie chiese a Van Zandt di confrontare il manifesto con le copie digitate delle lettere scritte a mano che David aveva ricevuto da suo fratello. L'analisi di Van Zandt mostrò che c'era un "50/50 % di possibilità" che la stessa persona avesse scritto sia le lettere che il manifesto, che ormai era in circolazione da sei mesi. Ha consigliato al cliente di Bisceglie di contattare l'FBI.

Nel febbraio 1996, Bisceglie consegnò all'FBI una copia del saggio scritto nel 1971 da Ted Kaczynski. Al quartier generale dell'Unità Speciale UNABOMB a San Francisco, l'agente speciale supervisore Joel Moss riconobbe immediatamente delle somiglianze nei testi. David Kaczynski aveva cercato di rimanere anonimo fin dall'inizio, ma presto la sua identità divenne nota e nel giro di pochi giorni una squadra di agenti dell'FBI fu inviata a Washington, D.C. per parlare con David e sua moglie, insieme al loro avvocato. In questo e nei successivi incontri con la squadra, David presentò lettere scritte da suo fratello, nelle loro buste originali, in modo che la linea temporale delle attività di Ted Kaczynski stabilita dall'Unità Speciale potesse essere completata, utilizzando le date del timbro postale.

David entrò in stretto contatto con l'analista comportamentale capo dell'Unità Speciale, l'agente Kathleen M. Puckett, con la quale si incontrò molte volte durante quasi due mesi a Washington D.C., Texas, Chicago e Schenectady, New York, prima che il mandato di perquisizione federale basato sul comportamento fosse consegnato alla baita di Theodore Kaczynski.

L'arresto di Ted Kaczynski

Il 3 aprile 1996, gli agenti arrestarono Theodore Kaczynski nella sua cabina remota vicino a Lincoln, Montana, dove fu trovato in condizioni poco curate. Tra le prove trovate nella capanna c'era una bomba inesplosa e quello che sembrava essere il manoscritto originale dattiloscritto del manifesto. Unabomber fu l'obiettivo di una delle ricerche più costose nella storia dell'FBI.

I paragrafi 204 e 205 del mandato di perquisizione e di arresto dell'FBI per Kaczynski, menzionano che gli "esperti" - compresi molti accademici consultati dall'FBI - credevano che il manifesto fosse stato scritto da "un'altra persona, non Theodore Kaczynski". Come notato nella dichiarazione, solo una manciata di persone credeva che Theodore Kaczynski fosse Unabomber prima che il mandato di perquisizione rivelasse l'abbondanza di prove nella cabina remota di Kaczynski. La dichiarazione ufficiale sul mandato di perquisizione, scritta dall'ispettore dell'FBI Terry D. Turchie, rivela questo disaccordo e fornisce una prova scioccante dell'opposizione a Turchie e al suo piccolo gruppo di agenti dell'FBI, compresi Moss e Pucket - che erano convinti che Kaczynski fosse Unabomber - da parte del resto dell'Unità Speciale UNABOM e dell'FBI in generale:

204. Il vostro Oathkeeper è a conoscenza del fatto che altre persone hanno condotto un'analisi del Manoscritto UNABOM e hanno concluso che il manoscritto è stato scritto da un'altra persona e non da Kaczynski, che era anche un sospettato nelle indagini.205. Numerosi altri pareri di esperti sono stati dati sull'identità dell'attentatore di Unabomb. Nessuno di questi pareri ha menzionato Theodore Kaczynski come possibile autore.

David un tempo aveva ammirato e perseguito suo fratello maggiore, ma in seguito aveva deciso di prendere le distanze dal primitivo stile di sopravvivenza. Gli era stato assicurato dall'FBI che sarebbe rimasto anonimo e che suo fratello non avrebbe saputo chi lo aveva denunciato, ma la sua identità fu rivelata a CBS News all'inizio di aprile 1996.

Il presentatore della CBS Dan Rather chiamò il capo dell'FBI, Louis Freeh, che chiese 24 ore di considerazione prima che la CBS pubblicasse la storia durante il notiziario serale. L'FBI si affrettò a completare il mandato di perquisizione e a farlo emettere da un giudice federale del Montana; in seguito, l'FBI indagò sulla fuga di notizie interna, ma la fonte della fuga non fu mai trovata. David donò il denaro della ricompensa assegnata, dopo aver dedotto le proprie spese, alle famiglie delle vittime di suo fratello.

Procedura legale

Gli avvocati di Kaczynski, guidati dal difensore federale Michael Donahoe, cercarono di far dichiarare Kaczynski pazzo per salvargli la vita, ma Kaczynski rifiutò questa richiesta. Uno psichiatra nominato dal tribunale diagnosticò che Kaczynski soffriva di schizofrenia paranoide e dichiarò che aveva la capacità di partecipare al processo. La famiglia di Kaczynski disse che sarebbe "crollato psicologicamente" se messo sotto pressione.

Un atto d'accusa federale dell'aprile 1996 accusava Kaczynski di 10 capi d'accusa per il trasporto, l'invio e l'uso illegale di bombe. Fu anche accusato di omicidio colposo di due persone in California e di una terza persona nel New Jersey. Il 7 gennaio 1998, Kaczynski tentò di impiccarsi. Inizialmente, il team dell'accusa giudiziaria del governo ha indicato che stava cercando la pena di morte per Kaczynski dopo essere stato autorizzato a farlo dal procuratore generale Janet Reno. L'avvocato di David Kaczynski chiese clemenza all'ex agente dell'FBI, che aveva dimostrato la somiglianza tra il Manifesto di Unabomber e Kaczynski: era inorridito al pensiero che consegnare suo fratello potesse portare alla morte del fratello. Alla fine, Kaczynski riuscì a sfuggire alla pena di morte il 22 gennaio 1998, dichiarandosi colpevole di tutte le accuse del governo. Più tardi, Kaczynski cercò di ribaltare la sua dichiarazione di colpevolezza, sostenendo che era stata involontaria. Il giudice Garland Ellis Burrell Jr. negò la sua richiesta. La Corte d'Appello degli Stati Uniti per il Nono Circuito ha confermato questa decisione.

All'inizio della caccia a Unabomber negli Stati Uniti, fu dipinta un'immagine del colpevole che era molto diversa dal sospetto finale. Il Manifesto di Unabomber usa costantemente le parole "noi" e "ci", e ad un certo punto nel 1993, gli investigatori stavano cercando qualcuno con il nome "Nathan", in seguito ad uno scarabocchio trovato in una delle bombe. Tuttavia, quando il caso fu finalmente reso pubblico, le autorità negarono che qualcun altro oltre a Kaczynski fosse mai stato coinvolto nel caso. Più tardi furono date spiegazioni sui motivi per cui Kaczynski aveva scelto alcune delle sue vittime.

Il 10 agosto 2006, il giudice Garland Burrell Jr. ha ordinato che gli effetti personali sequestrati nel 1996 dalla baita di Kaczynski nel Montana fossero venduti attraverso una "asta su Internet sufficientemente pubblicizzata". Gli oggetti che il governo credeva fossero materiali per la costruzione di bombe, come testi con immagini schematiche e "ricette" di bombe, erano esclusi dalla vendita. La casa d'aste avrebbe pagato le spese ed era autorizzata a trattenere il 10% del prezzo di vendita; il resto del ricavato sarebbe stato usato per pagare parte dei 15 milioni di dollari di risarcimento che Burdell aveva imposto a Kaczynski alle sue vittime.

Tra i beni di Kaczynski che sono stati messi all'asta c'erano i suoi scritti originali, i diari, la corrispondenza e altri documenti che sarebbero stati trovati nella sua cabina. Il giudice ordinò che tutti i riferimenti in questi documenti che riguardavano le sue vittime fossero rimossi prima della vendita. Kaczynski sfidò questi interventi ordinati in tribunale per motivi di Primo Emendamento, sostenendo che qualsiasi alterazione dei suoi scritti era un'interferenza illegale con la sua libertà di espressione.

Sta scontando una condanna a vita in prigione

Kaczynski sta scontando l'ergastolo, senza possibilità di libertà vigilata, come detenuto numero 04475-046 all'ADX Florence, la struttura federale di massima amministrazione (EBI) a Florence, Colorado. Quando gli è stato chiesto se era preoccupato di impazzire in prigione, Kaczynski ha risposto:

No, quello che mi preoccupa è che potrei, in un certo senso, adattarmi a questo ambiente e continuare a piacermi qui e non sentirmi più offeso. E sono preoccupato che potrei dimenticare con il passare degli anni, che potrei perdere i miei ricordi delle montagne e delle foreste, questo è ciò che mi preoccupa veramente, che potrei perdere quei ricordi e perdere quel senso di contatto con la natura selvaggia in generale. Ma non sono preoccupato che possano spezzare il mio spirito,

Mentre era in prigione, Kaczynski era uno scrittore attivo. La collezione Labadie, che fa parte della Biblioteca delle Collezioni Speciali dell'Università del Michigan, ospita la corrispondenza di Kaczynski con più di 400 persone dal suo arresto nell'aprile 1996, comprese le risposte dei CC, documenti legali, pubblicazioni e ritagli di giornale. I nomi della maggior parte degli autori delle lettere rimarranno sigillati fino al 2049. Kaczynski ha anche combattuto una battaglia in una corte federale in North Carolina per la messa all'asta dei suoi diari e altra corrispondenza. Il 10 gennaio 2009, la Corte d'Appello degli Stati Uniti per il Nono Circuito a San Francisco, California, ha respinto gli argomenti di Kaczynski che la vendita dei suoi scritti da parte del governo ha colpito la sua libertà di parola. I suoi scritti, libri e altri beni saranno venduti online e il ricavato andrà a beneficio di alcune delle sue vittime.

La cabina di Kaczynski fu confiscata e conservata in un magazzino in un luogo non rivelato. Doveva essere distrutta, ma alla fine fu donata a Scharlette Holdman, un investigatore del team di difesa di Kaczynski. È stato messo in mostra al Newseum di Washington, D.C., a partire dal luglio 2008. In una lettera di tre pagine alla Corte d'Appello degli Stati Uniti per il Nono Circuito, Kaczynski si è opposto all'esposizione pubblica della cabina, affermando che era contrario alla sua obiezione di essere pubblicamente associato al caso UNABOM.

In una lettera datata 7 ottobre 2005, Kaczynski si offrì di donare due libri rari alla Melville J. Herskovits Library of African Studies nel campus della Northwestern University di Evanston, Illinois, il luogo dei primi due attacchi. Il destinatario, David Easterbrook, ha consegnato la lettera agli archivi dell'università. L'università ha rifiutato l'offerta, notando che la biblioteca possedeva già entrambi i libri in inglese e non aveva bisogno di duplicati.

Kaczynski scrisse una lettera di un paragrafo in cui criticava la recensione di un libro di István Deák; la lettera fu pubblicata nella New York Review of Books. Non rispose mai alle lettere mensili dei suoi parenti, che lo denunciarono alle autorità.

11. Edmund Kemper

Anni di attività: 1964-1973
Paese: Stati Uniti
Omicidi commessi: 8 confermati
Punizione: Ergastolo

Edmund (Ed) Emil Kemper, nato a Burbank, California, il 18 dicembre 1948) è un serial killer americano. Il suo soprannome era The Co-Ed Killer, perché ha ucciso un gran numero di studenti universitari.

Edmund Kemper è nato il 18 dicembre 1948 a Burbank, California, figlio di mezzo di E. E. e Clarnell Kemper. Dopo il divorzio dei suoi genitori nel 1957, si trasferì nel Montana con la madre e due sorelle. Kemper aveva un rapporto difficile con la madre alcolizzata perché era molto critica nei suoi confronti e lui la incolpava di tutti i suoi problemi. Quando aveva 10 anni, lei lo costrinse a vivere nel seminterrato, lontano dalle sue sorelle, che temeva potessero fargli del male in qualche modo. I segni dei problemi cominciarono ad apparire presto. Kemper aveva una vita di fantasia oscura e a volte sognava di uccidere sua madre.

Tagliava le teste delle bambole delle sue sorelle e costringeva anche le ragazze a fare un gioco che chiamava "camera a gas", in cui le bendava e le portava su una sedia, dove fingeva di contorcersi in agonia fino a "morire".

Le sue prime vittime furono i gatti di famiglia. A dieci anni ne seppellì uno vivo e il secondo, il tredicenne Kemper lo massacrò con un coltello. Andò a vivere con suo padre per un po', ma finì di nuovo con sua madre, che decise di far vivere l'adolescente problematico con i nonni paterni a North Fork, in California.

L'assassinio dei suoi nonni

Kemper odiava la vita nella fattoria dei nonni. Prima di andare a North Fork, aveva iniziato a imparare le armi da fuoco, ma i nonni gli tolsero la pistola dopo che aveva ucciso diversi uccelli e altri piccoli animali. Il 27 agosto 1964, Kemper finalmente rivolse la sua rabbia costruttiva contro i nonni. Il quindicenne sparò a sua nonna in cucina dopo una discussione, e quando suo nonno tornò a casa, Kemper uscì e gli sparò vicino alla sua auto e poi nascose il corpo.

In seguito, chiamò sua madre, che gli disse di chiamare la polizia e raccontare l'accaduto. Più tardi, Kemper avrebbe detto che aveva sparato a sua nonna "per vedere come ci si sentiva". Aggiunse che aveva ucciso suo nonno in modo che l'uomo non dovesse scoprire che sua moglie era stata assassinata.

Per i suoi crimini, Kemper fu consegnato alla California Youth Authority. Fu sottoposto a diversi test, che determinarono che aveva un QI molto alto, ma soffriva anche di schizofrenia paranoica. Kemper fu infine mandato all'Atascadero State Hospital, una struttura di massima sicurezza per malati mentali.

Il rilascio dopo il primo omicidio

Nel 1969, Kemper fu rilasciato all'età di 21 anni. Nonostante la raccomandazione dei suoi medici della prigione di non vivere con la madre a causa dei suoi precedenti abusi e dei suoi problemi di salute mentale con lei, tornò da lei a Santa Cruz, California, dove si era trasferita dopo la fine del suo terzo matrimonio per accettare un lavoro all'Università della California. Mentre era lì, frequentò per qualche tempo il community college e fece vari lavori, trovando alla fine un lavoro con il Dipartimento dei Trasporti nel 1971.

Kemper aveva fatto domanda per diventare un poliziotto statale, ma è stato respinto a causa delle sue dimensioni - pesava circa 300 libbre ed era alto 6 piedi e 9 pollici, portando al suo soprannome "Big Ed. Tuttavia, frequentava gli ufficiali di polizia di Santa Cruz. Uno gli diede un distintivo della scuola di addestramento e delle manette, mentre un altro, disse, gli prestò una pistola Who Fights Monsters di Robert K. Ressler e Tom Shachtman.

Lo stesso anno in cui iniziò a lavorare per il dipartimento autostradale, Kemper fu investito da un'auto mentre era sulla sua moto. Il suo braccio fu gravemente ferito e ricevette un risarcimento di 15.000 dollari nella causa civile che intentò contro il conducente dell'auto. Incapace di lavorare, Kemper si dedicò ad altre attività.

Vide un gran numero di giovani donne che facevano l'autostop nella zona. Nella nuova auto che comprò con parte dei soldi del suo accordo, Kemper iniziò a riporre gli strumenti che pensava gli sarebbero serviti per soddisfare i suoi desideri omicidi, compresa una pistola, un coltello e delle manette.

L'assassino coetaneo

All'inizio, Kemper raccoglieva autostoppiste e le lasciava andare. Tuttavia, quando offrì un passaggio a due studentesse della Fresno State - Mary Ann Pesce e Anita Luchessa - non avrebbero mai raggiunto la loro destinazione. Le loro famiglie riferirono che erano scomparse poco dopo, ma non si sarebbe saputo nulla del loro destino fino al 15 agosto, quando una testa femminile fu scoperta nei boschi vicino a Santa Cruz e successivamente identificata come quella della Pesce. I resti di Luchessa, tuttavia, non furono mai trovati. Kemper avrebbe poi spiegato di aver accoltellato e strangolato Pesce prima di accoltellare anche Luchessa.

Dopo gli omicidi, portò i corpi al suo appartamento e rimosse le loro teste e mani. Più tardi quell'anno, il 14 settembre 1972, Kemper raccolse la quindicenne Aiko Koo, che aveva deciso di fare l'autostop invece di aspettare l'autobus che la portava a una lezione di danza. Nel gennaio 1973, Kemper continuò i suoi impulsi omicidi e raccolse l'autostoppista Cindy Schall, alla quale sparò e la uccise.

Mentre sua madre era via, Kemper andò a casa sua e nascose il corpo di Schall nella sua stanza. Sezionò il suo cadavere il giorno dopo e gettò le parti nell'oceano. Diverse parti furono poi scoperte quando furono portate a riva. Il 5 febbraio 1973, Kemper usò un adesivo di parcheggio del campus che gli aveva dato sua madre per facilitare un doppio omicidio. Guidò fino all'università, dove offrì un passaggio a due studenti, Rosalind Thorpe e Alice Liu. Poco dopo averle prelevate, sparò alle due giovani donne e poi passò la sicurezza del campus ai cancelli con le due donne mortalmente ferite nella sua auto. Dopo gli omicidi, Kemper decapitò le sue due vittime e smembrò ulteriormente i corpi, rimuovendo i proiettili dalle loro teste e gettando le loro parti in vari luoghi.

In marzo, alcuni dei resti di Thorpe e Liu furono scoperti da escursionisti vicino alla Highway 1 nella contea di San Mateo.All'epoca degli omicidi di Kemper, anche altri due serial killer, John Linley Frazier e Herbert Mullins, stavano commettendo i loro crimini nella zona, il che portò a dare a Santa Cruz il soprannome diffamatorio di "Murder Capital" sulla stampa. Per Kemper, fu chiamato il "Co-ed Killer" e il "Co-ed Butcher".

L'omicidio di sua madre

Nell'aprile 1973, Kemper commise quelli che sarebbero stati i suoi ultimi due omicidi. Il Venerdì Santo, andò a casa di sua madre, dove i due ebbero uno spiacevole scambio. Kemper attaccò sua madre dopo che lei era andata a dormire, prima colpendola alla testa con un martello e poi tagliandole la gola con un coltello. Come aveva fatto con le altre sue vittime, la decapitò e le tagliò le mani, ma poi le rimosse anche la laringe e la mise nel tritarifiuti.Dopo aver nascosto le parti del corpo di sua madre, Kemper chiamò l'amica di sua madre Sally Hallett e la invitò a casa. Kemper strangolò Hallett poco dopo il suo arrivo e nascose il suo corpo in un armadio. Kemper fuggì dalla zona il giorno dopo e guidò verso est fino a raggiungere Pueblo, Colorado, dove chiamò la polizia di Santa Cruz il 23 aprile per confessare i suoi crimini. All'inizio non credevano che l'uomo che conoscevano come "Big Ed" fosse un assassino. Ma durante i successivi interrogatori, li avrebbe condotti a tutte le prove di cui avevano bisogno per dimostrare che era, in effetti, il famigerato "Co-ed Killer".

Processo e reclusione

Accusato di otto capi d'accusa per omicidio di primo grado, Kemper fu processato per i suoi crimini nell'ottobre 1973. Fu dichiarato colpevole di tutte le accuse all'inizio di novembre. Quando il giudice gli chiese quale pensava dovesse essere la sua condanna, Kemper disse che doveva essere torturato a morte. Invece, ha ricevuto otto condanne all'ergastolo concomitanti. Attualmente, Kemper sta scontando la sua pena al California Medical Facility di Vacaville.

12. Richard Ramirez

Anni di attività: 1984-1985
Paese: Stati Uniti
Omicidi commessi: 13 confermati
Punizione: Condannato a morte ma morì presto per insufficienza epatica

Ricardo Leyva Muñoz (Richard) Ramirez, nato a El Paso, Texas, il 29 febbraio 1960 e morto a Greenbrae, California, il 7 giugno 2013 è stato un serial killer americano condannato per una serie di omicidi, rapine e stupri commessi nel 1984 e 1985. Il 31 agosto 1985, una settimana dopo il suo ultimo omicidio, fu arrestato. Fu condannato a morte 19 volte, ma morì per insufficienza epatica al Greenbrae Hospital in California.

Il modus operandi di Richard Ramirez

Ramirez, conosciuto anche come The Night Stalker, ha terrorizzato la California negli anni '80. Ha commesso una serie di omicidi, di solito indossando abiti completamente neri, invadendo case a caso durante la notte. Prima eliminava gli uomini presenti con un proiettile alla testa. Poi si rivolgeva alle donne che in alcuni casi violentava.

Se la donna resisteva, la uccideva, altrimenti la sua vita veniva talvolta risparmiata. Di solito commetteva gli omicidi con il primo oggetto che si trovava nelle vicinanze.

Una vittima è stata uccisa con un martello, ad un'altra ha tagliato gli occhi. Una volta portò a casa un pezzo del corpo di una vittima per mandarlo per posta a casa sua il giorno dopo. È notevole (ed eccezionale per i serial killer) che Ramirez non sempre uccideva le sue vittime dopo averle abusate o violentate gravemente, questo ha contribuito a garantire che una buona descrizione di lui potesse essere fatta rapidamente.

Al servizio di Satana

Ramirez adorava il diavolo. Sosteneva di lavorare al servizio di Satana e di assicurarsi un posto all'inferno attraverso i suoi omicidi. Durante il suo processo, scioccò per l'ennesima volta il pubblico disegnando il segno del diavolo sulla sua mano e mostrandolo sorridente alla stampa presente.

Infanzia difficile e influenze

Ramirez è cresciuto in Texas in una famiglia con regole molto severe. Da bambino, ha dovuto frequentare la chiesa settimanalmente, cosa che in seguito ha disprezzato. Sua madre lavorava in un ambiente malsano, il che era un rischio durante la sua gravidanza. Ha dato alla luce due figli disabili, una figlia sana e Richard, che inizialmente sembrava sano.

Sua madre lo descrive come un bambino molto felice che amava cantare e ballare. Nei suoi primi anni di vita, ha subito gravi ferite alla testa a causa di una caduta, che lo ha lasciato senza ossigeno per un po', con possibili conseguenze dannose. Suo padre era un uomo severo che picchiava regolarmente i suoi figli con una cintura.

Un cugino più anziano di Richard, Mike Valdez, un veterano del Vietnam spesso decorato, portava giovani ragazze nella giungla, le legava, le violentava e le uccideva.

Ha scattato foto prima e dopo le sue vittime e le ha mostrate a Ramirez quando aveva 11 anni. Lo stesso cugino ha piantato un proiettile nella testa di sua moglie un anno dopo, davanti a Ramirez....

I primi omicidi

Il 10 aprile 1984, Richard Ramirez rapì la bambina di 9 anni Mei Leung. La violentò, la pugnalò a morte e la lasciò nel seminterrato di un hotel di San Francisco. Solo nel 2010 è stato provato che Ramirez era coinvolto in questo omicidio attraverso il DNA. Ramirez commise il suo secondo omicidio a Los Angeles il 28 giugno 1984. La vittima era Jennie Vincow, una donna di 79 anni. La uccise e la violentò.

Il 17 marzo 1985, uccise un'altra vittima e cercò di uccidere anche la sua compagna di stanza, ma lei sopravvisse all'attacco e diede una descrizione completa alla polizia. Meno di un'ora dopo, uccise una donna di trent'anni trascinandola dalla sua auto e sparandole. È morta prima dell'arrivo dell'ambulanza.

Il 27 marzo ha ucciso un uomo di 64 anni e sua moglie. Il metodo di uccisione in questo caso è stato particolarmente crudele. Secondo la polizia, ha picchiato il viso della donna finché non è crollata. Poi ha lavorato sul corpo con un coltello e le ha cavato gli occhi. I corpi sono stati trovati dal loro figlio.

La sua descrizione distintiva

Dopo un tentato omicidio, i media hanno ricevuto una descrizione di Ramirez. Fu descritto come avente lunghi capelli ricci, occhi sporgenti e brutti denti. Lo chiamarono "The Valley Intruder" o "The Walk in Killer". Più tardi questo divenne "The Night Stalker".

La foto di Ramirez fu distribuita ed era davvero ovunque: in televisione, sulla prima pagina di ogni giornale. Il Night Stalker non ne era a conoscenza e prese l'autobus per visitare suo fratello a Tucson, Arizona. Vide diversi compagni di viaggio che leggevano giornali con l'immagine della sua faccia, fu (non a caso) identificato e fu preso dal panico. Ramirez se ne andò, ma fu riconosciuto a quasi ogni angolo di strada. A un certo punto si è persino imbattuto in un gruppo di anziani di origine messicana, che lo hanno inseguito continuando a gridare "el matador" (il killer).

Sembrava proprio che il Night Stalker stesse per essere linciato da una folla inferocita, ma la polizia mise fine alla cosa. Alla fine, Richard Ramirez fu arrestato.

Prova e popolarità

Il processo contro Ramirez non ha avuto molto da dire sul contenuto, dato che c'erano abbastanza testimoni ed era ovvio che sarebbe stato condannato. Tuttavia, il Night Stalker ha fatto una bella dichiarazione in tribunale.

Ben nota è per esempio la volta in cui Ramirez decise di disegnarsi un pentagramma sul palmo della mano, che poi mostrò a tutti e di cui ovviamente i media fecero largo uso. Meno noto, invece, è che il Night Stalker avrebbe pianificato di sparare al procuratore distrettuale. Le guardie avevano sentito questo in prigione, dopo di che le autorità decisero di mettere metal detector ovunque e da nessuna parte per sventare il piano di Ramirez.

Negli Stati Uniti, si conta davvero qualcosa solo quando tutto il paese conosce il tuo nome, e questo era certamente il caso del Night Stalker.Ramirez non poteva quasi apparire in pubblico o avrebbe visto i seni nudi delle groupies.Orde di giovani donne adulte sono piombate sul serial killer e tra il suo arresto e l'eventuale condanna, il Night Stalker avrebbe avuto quindici diverse fidanzate.

Il 14 agosto 1988, uno dei giurati, Phyllis Singletary, non si presentò in tribunale. L'allarme fu immediatamente lanciato e la Singletary fu trovata morta nel suo appartamento. Gli altri giurati erano terrorizzati: poteva essere stato il Night Stalker? Ramirez era in prigione, vero? Possedeva poteri psichici? No, si scoprì che la Singletary si era suicidata.

Alla fine, Ramirez fu trovato colpevole di tutte le accuse: tredici omicidi, cinque tentati omicidi, undici stupri e quattordici furti. Il 7 novembre 1989 fu quindi condannato a morte in una camera a gas in California.

Questo però non fermò le sue groupies, e una di loro si lamentò molto enfaticamente del Night Stalker. Doreen Lioy scrisse alla sua 'musa' 75 lettere d'amore e ad un certo punto la scintilla si accese. Il 3 ottobre 1996, i piccioncini si sposarono a San Quentin, dove Ramirez era in attesa della pena di morte. Lioy ha fatto sapere più volte che si sarebbe suicidata se il suo compagno fosse stato davvero gasato. Il matrimonio tra i due però non durò, poiché nel 2009 Doreen lasciò Richard dopo che il test del DNA rivelò che lui aveva violentato e ucciso Mei Leung nel seminterrato di un hotel di San Francisco. Lonely non ha ottenuto il Night Stalker, tuttavia, in quanto in seguito si è fidanzato con Christine Lee, una scrittrice di trent'anni più giovane.

La morte di Richard Ramirez

La pena di morte non fu mai eseguita su Ramirez. Ha fatto appello alla sua sentenza più e più volte, e questi casi sono durati così a lungo che (secondo gli addetti ai lavori) la prima volta che sarebbe dovuto entrare nella camera a gas era all'età di 70 anni. The Night Stalker non raggiunse quell'età, poiché morì di insufficienza epatica, dovuta al cancro, all'età di 53 anni al Marin General Hospital di Greenbrae, California. L'epatite C e gli effetti dell'uso di eroina di Ramirez hanno anche giocato un ruolo nella sua morte.

13. David Berkowitz

Anni di attività: 1976-1977
Paese: Stati Uniti
Omicidi commessi: 6 confermati
Punizione: Sei ergastoli

David Richard Berkowitz, nato Richard David Falco, nato a New York il 1° giugno 1953, è un serial killer e piromane americano.

David Berkowitz, conosciuto anche come Son of Sam e .44 Caliber Killer, è un serial killer e piromane americano. Nel 1976 e 1977 terrorizzò New York City e dopo il suo arresto nel '77 confessò sei omicidi e sette feriti in otto sparatorie.

Sosteneva che il cane del vicino lo aveva incitato alle sue azioni perché la creatura era presumibilmente posseduta da un demone.

La gioventù di David Berkowitz

David Richard Berkowitz (nome di nascita Richard David Falco) è nato il 1°
giugno 1953 nel quartiere di Brooklyn a New York, dove è anche cresciuto.
Sua madre Elizabeth "Betty" Broder proveniva da una famiglia ebrea ed
era una cameriera. Nel 1936, Broder sposò Tony Falco, un italiano
americano, ma il loro matrimonio non fu duraturo. Infatti, dopo quattro
anni, Falco lasciò Elizabeth per un'altra donna.

Nel 1950, la Broder iniziò una relazione con un altro uomo di nome Joseph
Klineman. Tre anni dopo rimase incinta di un bambino al quale, per
ragioni che non sono chiare, decise di dare il cognome Falco. Pochi giorni
dopo la nascita di David, tuttavia, decise di dare via suo figlio, secondo
quanto riferito, perché Klineman minacciò di lasciarla se non lo avesse
fatto. Inoltre, l'uomo non voleva che suo figlio portasse il suo cognome.

Pearl e Nathan Berkowitz del Bronx decisero di adottare il bambino.
Questa coppia di ebrei americani si occupava di ferramenta e i due erano
già di mezza età. La coppia decise di cambiare il nome di David, da Richard
David Falco a David Richard Berkowitz. Il bambino fu cresciuto senza
fratelli.

Secondo il giornalista John Vincent Sanders, l'infanzia di Berkowitz fu
piuttosto problematica. Era abbastanza intelligente, ma non voleva
imparare ed era attratto dal crimine: rubava e appiccava piccoli incendi. I
vicini e la famiglia trovavano che il piccolo David fosse un bambino
difficile; era descritto come viziato e prepotente. I suoi genitori adottivi
consultarono uno psicologo almeno una volta, ma il suo comportamento
non portò mai ad un ricovero ufficiale o a problemi a scuola.

Quando David aveva 14 anni, sua madre adottiva Betty morì di cancro al
seno. Il suo rapporto con il padre adottivo si deteriorò successivamente
perché non andava d'accordo con la nuova moglie di Nathan. Nonostante
ciò, conseguì il diploma di scuola superiore alla Christopher Columbus
High School e studiò all'università per un po'. Tuttavia, Berkowitz scoprì

che questo non faceva per lui, così entrò nell'esercito all'età di 17 anni. Servì in Corea del Sud e ricevette un congedo onorevole nel 1974.

Dopo il suo periodo come soldato, David rintracciò la sua madre biologica Betty, che gli raccontò i retroscena della sua nascita. Questo fu uno shock per Berkowitz, che poi andò completamente fuori strada. Frequentò le lezioni al Bronx Community College per un anno, ma andò a lavorare come tassista alla Co-Op City Taxi Company nel 1976. David aveva tutti i problemi del mondo a tenersi un lavoro e divenne un vero e proprio job hopper. Al momento del suo arresto nel 1977, lavorava come smistatore di posta per il servizio postale degli Stati Uniti.

Le vittime di David Berkowitz

A metà degli anni '70, David Berkowitz iniziò a commettere crimini violenti. Nel suo primo tentativo di omicidio usò un coltello, ma fallì e così decise di usare una pistola in futuro. Il "gusto" di Berkowitz divenne sempre più intenso e si imbarcò in una vera e propria follia omicida nel Bronx, Queens e Brooklyn. Prendeva di mira principalmente giovani e attraenti donne bianche con capelli lunghi, scuri e ondulati. Di solito faceva due vittime per ogni crimine, e Berkowitz divenne particolarmente famoso (leggi: infame) perché rivolgeva sempre più il suo sguardo a giovani ragazze sedute con i loro fidanzati in auto parcheggiate. Spesso tornava sulla scena del crimine anche in seguito.

Michelle Forman (15 anni) e una donna latinoamericana sconosciuta

Berkowitz aveva solo 22 anni quando uccise le sue prime vittime. La vigilia di Natale del 1975, attaccò due donne con un coltello da caccia. Una vittima, una donna di origine latino-americana, non fu mai identificata. L'altra era l'allora 15enne Michelle Forman, una matricola della Truman High School. Berkowitz la attaccò su un ponte vicino a Dreiser Loop e le sue ferite erano così gravi che fu trasferita in ospedale, dove rimase una settimana per riprendersi. Entrambe le donne sono sopravvissute all'attacco.

Donna Lauria (18 anni) e Jody Valenti (19 anni)

Questo portò Berkowitz a cambiare il suo modus operandi: iniziò ad usare una pistola. All'1:10 del 29 luglio 1976, Donna Lauria e la sua amica Jody Valenti (entrambe lavoravano all'ospedale) erano in un'auto parcheggiata vicino al Peachtree's, un nightclub di New Rochelle. Lauria aprì la portiera dell'auto e vide un uomo avvicinarsi. Era spaventata e gridò: "Cos'è questo!" L'uomo, Berkowitz, estrasse la sua arma da fuoco da un sacchetto di carta e aprì il fuoco. Donna fu colpita una volta, ma morì all'istante. Anche Valenti fu colpita, anche se alla coscia, e un terzo proiettile mancò entrambe le donne. Jody è sopravvissuta all'incidente ed è stata in grado di dare alla polizia una descrizione del suo aggressore, che ha detto essere alto 1,73 metri, pesava circa 91 chilogrammi e aveva capelli corti e scuri.

Carl Denaro (20 anni) e Rosemary Keenan (18 anni)

Il 23 ottobre 1976 si verificò una sparatoria simile; questa volta le vittime furono Carl Denaro (una guardia di sicurezza) e Rosemary Keenan (una studentessa del Queens College). I due piccioncini erano seduti tranquillamente in una macchina quando i finestrini improvvisamente "esplosero". Denaro è stato colpito alla testa, ma Keenan ha subito solo ferite di carne dal vetro volante. Entrambi sono sopravvissuti all'attacco, ma Carl ha avuto una piastra metallica posta nella sua testa per sostituire parte del suo cranio.

Donna DeMasi (16 anni) e Joanne Lomino (18 anni)

Il 27 novembre 1976, le studentesse del liceo Donna DeMasi e Joanne Lomino avevano appena finito una serata al cinema quando si trovavano nel portico della casa di Lomino a rivedere il film. Un uomo si avvicinò alle due e disse: "Potreste dirmi...". Prima che finisse la frase, tirò fuori un revolver. Entrambe le giovani donne sono state colpite una volta, ma sono sopravvissute all'incidente. Lomino, tuttavia, fu colpita alla schiena, lasciandola paralizzata

Christine Freund (26 anni) e John Diel (30 anni)

Alle 00:40 del 30 gennaio 1977, la segretaria Christine Freund e il suo fidanzato John Diel, un barista, erano seduti nell'auto di Diel vicino alla stazione LIRR di Forest Hills nel Queens. Avevano appena visto il film Rocky e avevano intenzione di andare a ballare. Tuttavia, Berkowitz aprì il fuoco su di loro e tre proiettili penetrarono nella loro auto. Due di essi colpirono Freund, che morì diverse ore dopo in ospedale. Diel fu solo sfiorato e riuscì a fuggire.

Virginia Voskerichian (19 anni)

Alle 19:30 dell'8 marzo 1977, Virginia Voskerichian, una studentessa universitaria, stava tornando a casa dalla Columbia University. Fu vittima di un'imboscata da parte di un uomo armato, e nel tentativo di salvarsi Voskerichian sollevò i suoi libri di testo in aria. La carta, tuttavia, non era all'altezza del proiettile che l'ha attraversata e colpita. Morì all'istante.

Alexander Esau (20 anni) e Valentina Suriani (18 anni)

Alle 03:00 del 17 aprile 1977, Alexander Esau, un autista di carro attrezzi, e Valentina Suriani, un'aspirante attrice e modella, erano nell'auto di Suriani nel Bronx. Furono entrambi colpiti da due proiettili. Suriani morì sulla scena e Esau subì la stessa sorte, ma morì in ospedale poche ore dopo la sparatoria.

Sal Lupo (20 anni) e Judy Placido (17 anni)

Il 26 giugno 1977 ebbe luogo la successiva sparatoria. Questa volta le vittime furono Sal Lupo, un meccanico, e Judy Placido, che aveva appena ricevuto il suo diploma di scuola superiore. Avevano appena lasciato il nightclub Elephas a Bayside, nel Queens, quando Berkowitz iniziò a sparare contro di loro. Lupo fu colpita all'avambraccio destro e Placido alla testa, al collo e alla spalla. Entrambi, tuttavia, sono sopravvissuti all'attacco.

Stacy Moskowitz (20 anni) e Robert Violante (20 anni)

La segretaria Stacy Moskowitz e il venditore di vestiti Robert Violante furono le ultime vittime di Berkowitz. Anche loro erano in una macchina, dopo il loro primissimo appuntamento, baciandosi appassionatamente, quando fu aperto il fuoco su di loro. Sia Moskowitz che Violante furono colpiti alla testa, ma solo la giovane donna fu colpita mortalmente. Robert ha avuto bisogno di un intervento chirurgico d'urgenza e ha perso un occhio.

Le lettere di David Berkowitz

David Berkowitz ha scritto due lettere. Una fu trovata vicino ai corpi delle sue vittime Esau e Suriani ed era scritta per lo più in lettere maiuscole. Un'altra lettera era indirizzata al giornalista del Daily News Jimmy Breslin.

La prima lettera

Sono profondamente ferito dal fatto che lei mi abbia definito un odiatore di donne. Non lo sono. Ma sono un mostro. Sono il figlio di Sam. Sono un piccolo monello. Quando padre Sam si ubriaca diventa cattivo. Picchia la sua famiglia. A volte mi lega sul retro della casa. Altre volte mi chiude in garage. Sam ama bere il sangue. Esci e uccidi' comanda padre Sam. Dietro la nostra casa alcuni riposano. Per lo più giovani violentati e macellati - il loro sangue prosciugato - solo ossa ora.

Papà Sam tiene anche me chiuso in soffitta. Non posso uscire, ma guardo fuori dalla finestra della soffitta e guardo il mondo che passa. Mi sento un estraneo. Sono su una lunghezza d'onda diversa da quella di tutti gli altri, programmato per uccidere. Tuttavia, per fermarmi dovete uccidermi. Attenzione a tutta la polizia: Sparate prima a me, sparate per uccidere o altrimenti.

Togliti di mezzo o morirai! Papa Sam è vecchio ora. Ha bisogno di sangue per conservare la sua giovinezza. Ha avuto troppi attacchi di cuore. Troppi attacchi di cuore. "Ugh, me hoot it urts sonny boy. Mi manca soprattutto la mia bella principessa. Sta riposando nella nostra casa delle signore ma la vedrò presto. Io sono il Mostro - Belzebù - il Cicciobello. Amo cacciare. Mi aggiro per le strade in cerca di selvaggina - carne gustosa.

I demoni del Queens sono i più belli di tutti. Io devo essere l'acqua che bevono. Vivo per la caccia - la mia vita. Sangue per papà. Signor Borrelli, signore, non voglio più uccidere no signore, non più ma devo, onore a tuo padre. Voglio fare l'amore con il mondo. Amo la gente. Il mio posto non è sulla terra. Restituitemi agli "yahoo". Al popolo del Queens, vi amo. E voglio augurare a tutti voi una felice Pasqua. Che Dio vi benedica in questa vita e nella prossima e per ora vi dico addio e buonanotte. Polizia - Lasciate che vi perseguiti con queste parole: tornerò! Tornerò! Da interpretare come - bang, bang, bang, bank, bang-ugh!!! Vostro in omicidio Mr. Monster

La seconda lettera di David Berkowitz

Salve dalle grondaie di New York che sono piene di letame di cane, vomito, vino stantio, urina e sangue. Salve dalle fogne di N.Y.C. che inghiottono queste delizie quando vengono lavate via dai camion delle spazzatrici. Salve dalle crepe dei marciapiedi di New York e dalle formiche che abitano in queste crepe e si nutrono del sangue secco dei morti che si è depositato nelle crepe. J.B., ti scrivo solo per farti sapere che apprezzo il tuo interesse per questi recenti e orrendi omicidi della 44. Voglio anche dirti che leggo quotidianamente la tua rubrica e la trovo abbastanza informativa.

Dimmi Jim, cosa avrai per il ventinove luglio? Puoi dimenticarti di me se vuoi perché non mi interessa la pubblicità. Tuttavia non devi dimenticare Donna Lauria e non puoi nemmeno lasciare che la gente la dimentichi. Era una ragazza molto, molto dolce ma Sam è un ragazzo assetato e non mi lascerà smettere di uccidere finché non avrà fatto il pieno di sangue. Signor Breslin, signore, non pensi che perché non ha avuto mie notizie per un po 'di tempo che sono andato a dormire. No, piuttosto, sono ancora qui.

Come uno spirito che vaga nella notte. Assetato, affamato, raramente si ferma a riposare; ansioso di compiacere Sam. Amo il mio lavoro. Ora il vuoto è stato riempito. Forse un giorno ci incontreremo faccia a faccia o forse sarò spazzato via da poliziotti con delle calibro 38 fumanti. Comunque sia, se avrò la fortuna di incontrarti ti racconterò tutto di Sam, se vuoi, e te lo presenterò. Il suo nome è "Sam il terribile". Non sapendo cosa mi riserverà il futuro, vi dico addio e ci vediamo al prossimo lavoro. O dovrei dire che vedrete il mio lavoro al prossimo lavoro? Si ricordi della signora Lauria. Grazie, signorina Lauria.

Nel loro sangue e dalla grondaia "la creazione di Sam" .44 Ecco alcuni nomi per aiutarvi. Inoltrarli all'ispettore per l'uso da parte del N.C.I.C: 'Il Duca della Morte' 'Il malvagio Re Wicker' 'I Ventidue Discepoli dell'Inferno' 'John Wheaties' - stupratore e soffocatore di giovani ragazze. PS: Si prega di informare tutti i detective che lavorano all'assassinio di rimanere. P.S: JB, per favore informa tutti i detective che lavorano al caso che auguro loro la miglior fortuna. Continuate a scavare, andate avanti, pensate positivo, muovete il culo, bussate alle bare, ecc. Alla mia cattura prometto di comprare a tutti i ragazzi che lavorano al caso un nuovo paio di scarpe se riesco a trovare i soldi. Figlio di Sam

Sospetto

Cacilia Davis stava portando a spasso il suo cane nel punto in cui hanno sparato a Moskowitz e Violante, quando ha visto un agente di polizia che scriveva una multa. Poi ha incontrato un uomo che la stava studiando intensamente.

Inizialmente non fece rapporto alla polizia, ma quattro giorni dopo lo fece. Le autorità indagarono e trovarono l'auto di Berkowitz, una Ford Galaxie del 1970. Il detective della polizia di New York James Justis emise un mandato d'arresto per Berkowitz, volendo interrogarlo. Un'altra stazione di polizia (quella di Yonkers) fu chiamata per rintracciare il possibile colpevole.

L'arresto e la confessione

L'arresto andò abbastanza liscio, perché il 9 agosto 1977, il mandato uscì e un giorno dopo, il 10 agosto, Berkowitz fu colto sul fatto. Nella sua auto, la polizia trovò un fucile sul sedile posteriore, uno zaino pieno di munizioni, mappe delle scene del crimine e una lettera minatoria indirizzata all'ispettore Timothy Dowd della Task Force Omega. Berkowitz non si è lasciato prendere facilmente, ma quando il detective John Falotico gli ha puntato una pistola alla tempia, ha collaborato comunque. Poi fu trovato anche un sacchetto di carta, contenente un revolver con munizioni calibro 44 (l'arma che il Figlio di Sam usava nei suoi omicidi). Berkowitz non ha usato mezzi termini e ha detto agli agenti: "Bene... mi avete preso!".

Berkowitz era particolarmente orgoglioso dei suoi omicidi, divenne chiaro un altro giorno dopo, l'11 agosto. Ha dovuto essere interrogato solo per 30 minuti prima di confessare tutti i suoi omicidi. Aveva una spiegazione notevole per questo, poiché disse ai suoi interrogatori che il cane del suo vicino lo aveva istruito ad uccidere le persone. L'animale era posseduto da un demone, ha detto il serial killer.

Prova

Tre diversi psichiatri testimoniarono che Berkowitz aveva la capacità mentale di comparire davanti a un giudice. I suoi avvocati gli consigliarono di dichiarare l'infermità mentale, ma l'assassino rifiutò. L'8 maggio 1978, apparve in tribunale e il verdetto ebbe luogo poche settimane dopo. Il 12 giugno 1978, Berkowitz fu condannato a 25 anni di prigione per omicidio.

Prigione

Inizialmente Berkowitz fu alloggiato in una struttura psichiatrica, parte del Kings County Hospital, ma lì si comportò male a tal punto che i membri dello staff suonarono l'allarme. Il Figlio di Sam fu trasferito alla famosa prigione di Sing Sing e poi al Clinton Correctional Facility, dove fu esaminato mentalmente e fisicamente. Poi gli fu assegnata una cella ad Attica, un'altra prigione.

A Berkowitz non piaceva il posto e definì il suo soggiorno ad Attica "un incubo". Nel 1979, un compagno detenuto tentò di ucciderlo; il suo collo fu tagliato da un orecchio all'altro, ma sopravvisse all'attacco.

Nel 2021, Berkowitz risiede nella Shawangunk Correctional Facility di New York.

Parole

In conformità con l'ordinanza del tribunale del 1978, Berkowitz può chiedere la libertà condizionata ogni due anni, e la prima udienza in merito ha avuto luogo nel 2002. A quel tempo, il serial killer scrisse una lettera a George Pataki, allora governatore di New York, esprimendo rammarico. In essa dichiarò, tra le altre cose, "Se sono onesto, merito una condanna a vita. Con l'aiuto di Dio, l'ho accettato da tempo". Ancora, sperava quindi nella liberazione, ma questa è stata respinta. In una nuova udienza nel 2016, Berkowitz ha detto alla corte che "non si vedeva come un pericolo per la società", e nel 2018 ci ha riprovato, senza successo. In realtà, una nuova udienza avrebbe dovuto tenersi nel maggio 2020, ma è stata annullata a causa del coronavirus.

Culto satanico

Berkowitz tornò poi sulla sua confessione. Nel 1979, inviò un libro sulla stregoneria alla polizia del Nord Dakota. In prigione affermò di essersi unito a un culto satanico nel 1975, e nel 1993 aggiunse di aver commesso solo tre degli omicidi del Figlio di Sam. Berkowitz sostenne che diversi membri del culto erano stati presenti alle sparatorie e menzionò, tra gli altri, i nomi di John e Michael Carr (i figli del proprietario del "cane demone"), un altro membro che chiamò "Manson II" (dopo Charles Manson), e inoltre disse che c'era anche un membro femminile del suo culto. Tuttavia, questo non è mai stato provato.

14. Aileen Wuornos

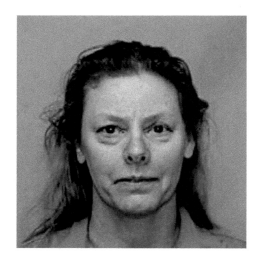

Anni di attività: 1989-1990
Paese: Stati Uniti
Omicidi commessi: 7 confermati
Punizione: Condanna a morte per iniezione letale

Aileen Carol Wuornos, nata Aileen Carol Pittman, soprannominata Damsel of Death, a Rochester, Michigan, il 29 febbraio 1956, e morta in Florida, il 9 ottobre 2002, è stata una serial killer americana condannata a morte dallo Stato della Florida nel 1992. Alla fine fu condannata a morte sei volte. Wuornos ha confessato di aver ucciso sette uomini in modo indipendente. Sostenne di essere stata violentata o di aver tentato di esserlo mentre lavorava come prostituta. Fu messa a morte per iniezione letale il 9 ottobre 2002. Il film Monster del 2003 è basato sulla sua storia.

La gioventù di Aileen Wuornos

Aileen Carol Wuornos è nata come figlia di Diane Kathleen Wuornos e Leo Arthur Pittman. I suoi nonni materni erano di origine finlandese. Leo Pittman, che lei non ha mai conosciuto, era un molestatore di bambini che ha scontato la pena in Kansas e in un ospedale psichiatrico in Michigan. Morì per impiccagione, probabilmente suicidio, mentre era incarcerato nella prigione federale del Kansas il 30 gennaio 1969. La madre di Wuornos, Diane, aveva quindici anni quando sposò Pittman il 3 giugno 1954. Dal matrimonio nacquero due figli. Keith nacque nel 1955 e Aileen nel 1956. Dopo meno di due anni di matrimonio (e pochi mesi prima della nascita di Aileen) Diane divorziò da Pittman. Diane abbandonò i suoi due figli nel 1960. La cura passò ai nonni materni, "Lauri" Jacob Wuornos e Aileen "Britta" Moilanen. Lauri e Britta adottarono i due bambini e li portarono nella loro casa a Troy, Michigan.

Wuornos dice che suo nonno ha abusato psicologicamente e sessualmente di lei da bambina e che sua nonna era un'alcolizzata. Sue Russel ha scritto nel suo libro Lethal Intent che Wuornos è stata picchiata con una cintura da suo nonno. All'età di dodici anni, Aileen e suo fratello Keith scoprirono che Lauri e Britta erano i loro nonni e non i loro genitori biologici. Aileen sostiene di aver avuto rapporti sessuali con diversi partner, incluso suo fratello, in giovane età. È rimasta incinta all'età di quattordici anni. Il suo bambino è nato il 23 marzo 1971 in un ospedale di maternità a Detroit. Fu ostracizzata dalla sua famiglia e rifiutata dalla comunità. Il bambino fu dato in adozione poco dopo. Aileen fu costretta a cercare rifugio in un'auto abbandonata nel bosco prima di essere mandata in una casa per ragazze madri.

Britta Wuornos morì nel luglio 1971 (ufficialmente per insufficienza epatica, ma la madre di Aileen accusò in seguito Diane Lauri di aver ucciso Britta). Dopo la morte della nonna, Aileen e suo fratello finirono sotto la tutela del tribunale. Cominciò a lavorare come prostituta mentre era ancora a scuola. Cominciò ad usare lo pseudonimo Sandra Kretsch nel maggio 1974. Fu arrestata e detenuta nella contea di Jefferson (Colorado) per guida in stato di ebbrezza, comportamento dirompente e aver sparato con una pistola calibro 22 da un'auto in movimento. Un'ulteriore accusa era la mancata comparizione in tribunale perché aveva lasciato la città per il processo.

Tornò nel Michigan. Fu arrestata nella contea di Antrim e accusata di aggressione e disturbo della quiete pubblica il 13 luglio 1976 come risultato di un incidente in cui lanciò una palla da biliardo contro la testa del barista. Fu anche emessa una citazione per mandati in sospeso per guida senza patente e per aver bevuto in un veicolo a motore. Fu multata di 105 dollari. Il 17 luglio 1976, suo fratello Keith morì di cancro alla gola e Aileen ricevette 10.000 dollari dalla sua assicurazione sulla vita. Aileen pagò la multa di 105 dollari e nel giro di due mesi spese il resto dei soldi in beni di lusso come una nuova auto, che poi ruppe.

Nel 1976 andò in autostop in Florida, dove incontrò il presidente dello yacht club Lewis Gratz Fell, 49 anni più vecchio di lei. Si sposarono nel 1976, e la notizia del loro matrimonio apparve su una rivista locale. Ma Wuornos continuò a impegnarsi in continui scontri al bar locale e alla fine fu mandata in prigione per aggressione. Lei colpì anche Fell con il suo stesso bastone, dopo di che lui presentò un ordine restrittivo contro di lei. Divorziarono il 21 luglio 1976, dopo sei settimane di matrimonio.

Gli ultimi anni della vita di Aileen Wuornos

Il 20 maggio 1981, Aileen fu arrestata di nuovo a Edgewater, Florida, per rapina a mano armata. Fu condannata alla prigione il 4 maggio 1982 e rilasciata il 30 giugno 1983. Il 1° maggio 1984, fu nuovamente condannata per aver incassato assegni falsi in una banca di Key West. Il 30 novembre 1985, fu vista come sospettata nel furto di una pistola e munizioni a Pasco County. In questo periodo, Aileen "prese in prestito" il nome Lori Christine Grody da sua zia/sorella (figlia dei suoi nonni) in Michigan. Nel dicembre

1985, 'Lori Grody' (Wuornos) ricevette una citazione per guida senza patente valida.

Il 4 gennaio 1986, Wuornos fu arrestato a proprio nome a Miami e accusato di furto d'auto, resistenza all'arresto e ostruzione alla giustizia fornendo false informazioni. La polizia di Miami trovò una pistola calibro 38 e una scatola di munizioni nell'auto rubata. Il 2 giugno 1986, 'Lori Grody' (Wuornos) fu arrestata dalla polizia di Volusia County per essere interrogata dopo che un uomo la accusò di essere stato minacciato nella sua auto da lei con una pistola chiedendo 200 dollari. Aileen aveva delle munizioni di riserva con sé e una pistola calibro 22 fu trovata sotto il sedile del passeggero su cui era seduta.

Wuornos, ora sotto lo pseudonimo "Susan Blahovec", fu multata per eccesso di velocità nella contea di Jefferson, in Florida, appena una settimana dopo. Pochi giorni dopo questo incidente, Wuornos incontrò Tyria Moore, 24 anni, in un bar gay di Daytona. I due divennero presto amanti l'uno dell'altra. Moore rinunciò al suo lavoro come cameriera in un motel, e permise ad Aileen di mantenerli con i suoi soldi guadagnati come prostituta. Si spostarono di motel in motel, a volte anche dormendo in un vecchio fienile. Nel luglio 1987, la polizia di Daytona Beach interrogò Moore e "Susan Blahovec" (Wuornos) perché sospettati di aver colpito un uomo con una bottiglia di birra. Il 18 dicembre dello stesso anno, la Wuornos ricevette una citazione per aver guidato in autostrada con una patente scaduta.

Moore fu sentito come testimone in questo incidente. Il 23 luglio 1988, Moore e Wuornos (sotto lo pseudonimo di "Susan Blahovec") furono accusati di aver vandalizzato il loro appartamento dal loro padrone di casa a Daytona Beach. Egli disse che avevano tolto la moquette dall'appartamento e dipinto le pareti di marrone scuro senza il suo permesso. Nel novembre 1988, Wuornos lanciò una campagna di 6 giorni di telefonate minatorie a un supermercato di Zephyrhills dopo un disaccordo sui biglietti della lotteria. Dal 1989, Aileen viaggiava raramente senza una pistola carica. Lavorava nei bar e nei parcheggi per guadagnare soldi come prostituta. In questo periodo, Wuornos e Moore erano sempre più nei guai finanziari.

Gli omicidi

La prima vittima di Wuornos fu il proprietario di un negozio Richard Mallory a Palm Harbor, Florida. Lo uccise il 30 novembre 1989. Delle rimanenti sei vittime, solo cinque furono trovate. Le altre vittime identificate furono:

- **David Spears**, 1 giugno 1990
- **Charles Carskaddon**, 6 giugno 1990
- **Peter Siems**, 4 luglio 1990 (auto trovata, ma non il corpo)
- **Troy Burres**, 4 agosto 1990
- **Dick Humphreys**, 12 settembre 1990
- **Walter Jeno (Gino) Antonio**, 9 novembre 1990

Arresto e condanna

Wuornos fu infine arrestato quando lei e Moore furono coinvolti in un incidente stradale mentre viaggiavano nell'auto della vittima. Rifiutarono l'aiuto dei passanti nonostante Aileen stesse sanguinando e fuggirono dall'incidente. Le loro composizioni della polizia furono poi trasmesse in televisione. La polizia rintracciò la Moore in Pennsylvania, dove era tornata a vivere con la sorella, e raggiunse un accordo: se avesse testimoniato contro Wuornos, le sarebbe stata garantita l'immunità. Moore accettò. La polizia organizzò un motel per Moore in Florida. Lei scrisse una lettera a

Wuornos, che era in prigione per aver violato la sua libertà condizionata. Dopo innumerevoli telefonate e una minaccia della Moore di suicidarsi, Wuornos crollò e disse: "Devi fare quello che devi fare. Non lascerò che ti mandino in prigione. Se devo confessare, lo farò". Ha fatto una dichiarazione completa il 16 gennaio dello stesso anno. Wuornos ha citato l'autoprotezione per l'omicidio di Mallory: si presume che l'abbia violentata. Fu trovata colpevole di omicidio nel gennaio 1992 con l'aiuto della dichiarazione della Moore. Quando fu giudicata colpevole dell'omicidio di Mallory, Wuornos disse ai media: "Sono stata violentata, sono stata torturata. Hanno preso il volante dell'auto, avevano una foto del volante con dei graffi, era rotto. Questa è la prova che sono stata legata al volante. Non posso credere che sia successo. Nel frattempo, la Moore aveva firmato diversi contratti per libri e film per vendere la sua storia. Così avevano fatto tre detective che lavoravano al caso, e che in seguito si sarebbero dimessi.

Nel novembre 1992, la reporter di Dateline NBC Michele Gillen scoprì che Mallory aveva scontato dieci anni per stupro violento in un altro stato. Il giudice rifiutò di aggiungere questo come prova, e il caso di Wuornos non fu riaperto.

Il 31 marzo 1992, Wuornos si dichiarò non colpevole dell'omicidio di Dick Humphreys, Troy Burress e David Spears. Disse: "Voglio sistemare le cose con Dio. Durante il processo, fu adottata da Arlene Pralle dopo che Pralle ebbe un sogno in cui le fu detto di "prendersi cura" di Wuornos. Secondo Pralle, Gesù le disse di scrivere ad Aileen e lei lo fece. Quello che Wuornos non sapeva è che Pralle accettava denaro per le interviste, compresa una con Nick Broomfield, che la pagò 10.000 dollari. Parte del denaro andò all'ex avvocato di Wuornos, Steven Glazer, che assunse Pralle. La petizione di Wuornos alla Corte Suprema fu negata nel 1996.

La relazione tra Wuornos e Pralle cominciò a scuotersi; Wuornos cominciò a sospettare che Pralle fosse lì solo per la pubblicità e i soldi. Wuornos raccontò a Broomfield in un'intervista che Pralle e Glazer le dissero come suicidarsi in prigione. Le consigliarono anche di non combattere perché Glazer, conosciuto prima del processo di Aileen come "Dr.Legal", era troppo inesperto per gestire un caso di omicidio multiplo. Nella sua dichiarazione, si è rivolta alla corte e ha detto: "Voglio confessare che Richard Mallory mi ha violentato violentemente come ho testimoniato. Ma gli altri non l'hanno fatto. Hanno solo iniziato".

Nel giugno 1992, si è dichiarata colpevole dell'omicidio di Charles Carskaddon e ha ricevuto la sua quinta condanna a morte. Nel febbraio 1993, si dichiarò colpevole dell'omicidio di Walter Jeno Antonio e fu nuovamente condannata a morte. Non fu accusata dell'omicidio di Peter Siems perché il suo corpo non fu mai trovato. In tutto, ha ricevuto la pena di morte sei volte.

Wuornos ha raccontato diverse storie contrastanti su questi omicidi. Ha ammesso di aver ucciso sette uomini indipendentemente. Inizialmente sostenne che tutti e sette l'avevano violentata mentre lavorava come prostituta. In seguito ha ritrattato sulla legittima difesa. Durante un'intervista con Broomfield, quando pensa che le telecamere siano spente, gli dice che nel caso di Mallory è stata davvero legittima difesa, ma non ha visto altra scelta che la pena di morte. Ha detto che non avrebbe mai potuto sopportare di essere rinchiusa per il resto della sua vita. Quando Broomfield chiede, "E' stata legittima difesa?" lei risponde, "Sì, come molti altri, ma non posso dirlo a nessuno così ho dovuto scegliere la pena di morte.

L'esecuzione di Aileen Wuornos

Dopo la sua prima condanna a morte, Wuornos disse spesso che desiderava "che fosse tutto finito". Nel 2001, ha annunciato che non avrebbe impugnato la sua condanna a morte. Pregò la corte della Florida di licenziare il suo team di processo e di fermare tutti gli appelli. Disse: "Ho ucciso quegli uomini, li ho derubati come il ghiaccio. E lo farò ancora. Non serve a niente tenermi in vita o altro, perché ucciderò ancora. C'è molto odio in me... Sono così stufa di sentire 'E' pazza'. Sono stata valutata così tante volte. Sono competente, sano di mente e cerco di dire la verità. Sono una persona che odia davvero le persone e ucciderò ancora. Mentre i suoi avvocati sostenevano che non era mentalmente competente, la psichiatria ha deciso diversamente, per cui la sua richiesta è stata accolta.

Il governatore della Florida Jeb Bush ha incaricato tre psichiatri di fare a Wuornos un colloquio di quindici minuti. Tutti e tre l'hanno giudicata abbastanza sana mentalmente per procedere all'esecuzione. Il test di competenza richiede che gli psichiatri siano convinti che la persona condannata a morte capisca che morirà, e che capisca anche per quale crimine verrà giustiziata.

Wuornos ha poi iniziato ad accusare il personale della prigione di aver abusato di lei. Li accusò di aver contaminato il suo cibo e di averci sputato sopra, che le sue patate erano cotte nella sporcizia e che il suo cibo le arrivava con l'urina. Ha anche detto di aver sentito conversazioni sul "cercare di farmi arrabbiare così tanto da farmi suicidare prima dell'esecuzione, e vogliono violentarmi prima dell'esecuzione". Si è anche lamentata di essere stata perquisita, di essere stata ammanettata così strettamente da farle diventare i polsi blu ogni volta che usciva dalla sua cella, dei calci alla porta, dei controlli regolari delle finestre da parte della capo infermiera, della bassa pressione dell'acqua, della muffa sul suo materasso in disgusto e del puro odio nei suoi confronti. Wuornos ha minacciato di boicottare le docce e i carrelli del cibo quando certi agenti erano al lavoro. Wuornos: "Nel frattempo, il mio stomaco brontola immensamente e faccio la doccia nel lavandino della mia cella".

Il suo avvocato ha dichiarato: "La signora Wuornos vuole solo un trattamento normale, un trattamento umano fino al giorno della sua esecuzione e se le accuse si rivelano non vere, allora è chiaramente in preda a questo delirio. Lei crede a quello che scrive".

Durante la fase finale del processo rilasciò una serie di interviste a Broomfield. Nella sua ultima intervista, poco prima dell'esecuzione, disse che la sua mente era controllata dalla pressione delle onde sonore che la facevano apparire pazza e che sarebbe stata portata dagli angeli su una nave spaziale. Quando Broomfield tentò di farla parlare delle sue precedenti affermazioni di aver ucciso le sue vittime per autodifesa, Wuornos divenne diabolica, rimproverò Broomfield e terminò l'intervista. Broomfield incontrò in seguito Dawn Botkins, un'amica d'infanzia della Wuornos, che gli disse: "Le dispiace, Nick. Non ti ha fatto il dito. Ha fatto il dito ai media e agli avvocati. Sapeva che se avesse detto di più, avrebbe potuto fare la differenza nella sua esecuzione domani, così ha deciso di non dire nulla".

Non si sa quale sia stato il suo ultimo pasto. Alcune fonti dicono che ha rifiutato il pasto, che avrebbe potuto essere qualsiasi cosa sotto i 20 dollari, e che invece le hanno dato una tazza di caffè. L'intervista di Broomsfield afferma che il suo ultimo pasto fu pollo fritto e patatine fritte (french fries) da KFC.

Le sue ultime parole sono state 'Vorrei solo dire che sto navigando con la Roccia e tornerò proprio come in Independence Day insieme a Gesù, il 6 giugno, proprio come nel film, una grande nave madre e tutto il resto. Tornerò".

Dopo la sua morte

Dopo la sua esecuzione, Aileen Wuornos fu cremata. Lei aveva richiesto che la canzone di Natalie Merchant Carnival fosse suonata durante il funerale. Questo, combinato con la conoscenza che Wuornos aveva passato molte ore ad ascoltare l'album Tigerlily della Merchant mentre era nel braccio della morte, portò la Merchant a concedere il permesso di usare Carnival durante i titoli di coda del documentario Aileen: Life and Death of a Serial Killer. Le ceneri di Wuornos furono sparse da Botkins sotto un albero in Michigan, da dove Wuornos proveniva.

Wuornos è la decima donna giustiziata negli Stati Uniti dal ripristino della pena di morte nel 1976 e la seconda donna in Florida.

Broomfield ha poi detto:

Credo che la rabbia si sia sviluppata in lei. E ha lavorato come prostituta. Penso che abbia avuto un sacco di brutti incontri lungo la strada. E penso che quella rabbia abbia iniziato a riversarsi fino a quando alla fine è esplosa. In un'incredibile violenza. Era il suo modo di sopravvivere....

Credo che Aileen pensasse davvero di uccidere per autodifesa. Penso che qualcuno che è profondamente psicotico non vede davvero la differenza tra una minaccia di vita e una piccola discussione: si può dire che se hai detto qualcosa su cui lei non era d'accordo ha iniziato a urlare ed è scoppiata in una rabbia cieca.

Penso che sia questo il motivo per cui tutto questo poteva accadere. E allo stesso tempo, quando non era di umore così estremo, c'era un'incredibile umanità in lei.

15. John George Haigh

Anni di attività: 1944-1949
Paese: Inghilterra
Omicidi commessi: 6-9 confermati
Punizione: Condanna a morte per impiccagione

John George Haigh, nato a Wakefield, il 24 luglio 1909 e morto a
Londra, il 10 agosto 1949, soprannominato The Acid Bath Murderer,
fu un serial killer in Inghilterra durante gli anni '40. Fu condannato
per l'omicidio di sei persone, ma sostenne di averne uccise nove lui
stesso. Il suo modus operandi era quello di uccidere le persone,
sciogliere i loro corpi in acido solforico, e poi vendere i loro beni.
Credeva che la polizia non potesse accusare le persone di omicidio
fino a quando non avessero trovato un corpo. Alla fine fu
condannato sulla base di prove forensi e giustiziato il 10 agosto
1949.

La gioventù di John George Haigh

Haigh è nato a Wakefield ed è cresciuto nel vicino villaggio di Outwood. I suoi genitori, John ed Emily, erano membri dell'Assemblea dei Credenti. Fu costretto a vivere confinato da un recinto alto tre piedi costruito dal padre per isolare la famiglia dal mondo esterno. Haigh affermò in seguito di aver sofferto di incubi religiosi ricorrenti in gioventù. Haigh frequentò la Queen Elizabeth Grammar School, una scuola privata di Wakefield, dove si trova ancora un tavolino con il suo nome. I suoi genitori cambiarono la loro fede e lui si unì al coro della cattedrale di Wakefield.

Haigh ha sviluppato una passione per le auto. Dopo aver lasciato la scuola, entrò in un club di costruttori di motori. Dopo un anno, si licenziò e andò a lavorare per compagnie di assicurazione e agenzie pubblicitarie. A 21 anni, fu licenziato dopo essere stato sospettato di furto. Nel 1934, Haigh smise di frequentare la chiesa.

Matrimonio e prigionia

Il 6 luglio 1934, Haigh sposò Betty Hammer, una donna di 21 anni. Non passò molto tempo prima che il matrimonio naufragasse. Quello stesso anno, Haigh finì in prigione per frode. Mentre scontava la sua pena, Betty ebbe un bambino, ma lo fece adottare e lasciò Haigh. Poco dopo il suo rilascio fu mandato di nuovo in prigione, questa volta per quindici mesi, per uno schema di frode che coinvolgeva auto acquistate a credito. Quando fu rilasciato iniziò un'attività, ma quel piano fallì quando il suo socio d'affari rimase ucciso in un incidente motociclistico.

Si trasferì poi a Londra e divenne l'autista di William McSwann, il ricco proprietario di un parco divertimenti. Haigh e McSwann divennero amici, ma Haigh voleva ancora entrare nel mondo degli affari. Ci provò, ma finì di nuovo in prigione per frode, questa volta per quattro anni. Subito dopo l'inizio della seconda guerra mondiale, fu rilasciato, poi di nuovo in prigione per furto. Mentre era in prigione ideò "l'omicidio perfetto": distruggere il corpo facendolo sciogliere nell'acido solforico. Lo provò sui topi e scoprì che ci volevano solo trenta minuti perché il corpo sparisse.

Gli omicidi del "bagno acido

Nel 1944 fu rilasciato e ottenne un lavoro in una ditta di ingegneria. Poco dopo, gli capitò di incontrare McSwann al pub di Kensington. McSwann presentò Haigh ai suoi genitori, Donald e Amy, che notarono che avevano investito in beni. Il 6 settembre 1944, McSwann scomparve. Haigh disse in seguito di averlo colpito alla testa dopo averlo attirato in uno scantinato. Poi mise il suo corpo in un fusto da 160 galloni di acido solforico concentrato. Due giorni dopo, Haigh tornò e vide che il corpo era diventato trasudante, e lo gettò nelle fogne. Disse ai genitori di McSwann che il loro figlio era fuggito in Scozia per non dover entrare nell'esercito. Quando i genitori cominciarono a chiedersi perché il figlio non fosse tornato dopo la fine della guerra, uccise anche loro: il 2 luglio 1945, li attirò a Gloucester Road e si sbarazzò di loro.

Haigh rubò gli assegni della pensione di Donald McSwann, vendette i loro beni - guadagnando circa 8.000 sterline - e si trasferì nell'hotel Onslow Court a Kensington. Nell'estate del 1947, Haighs finì i soldi con il gioco d'azzardo, e trovò un'altra coppia da assassinare e derubare: il dottor Archibald Henderson e sua moglie Rose, che incontrò dopo aver detto di essere interessato ad una casa in vendita. Affittò un piccolo laboratorio sulla Leopord Road a Crawley, nel West Sussex, e portò con sé l'acido solforico e il fusto. Il 12 febbraio 1948, portò il dottor Henderson a Crawley, presumibilmente per mostrargli una nuova invenzione. Quando arrivarono a Crawley, gli sparò in testa con un revolver che aveva precedentemente rubato dalla casa di Henderson. Poi attirò la signora Henderson nel suo laboratorio, sostenendo che suo marito si era improvvisamente ammalato, e sparò anche a lei. Prima fece sciogliere i corpi nell'acido solforico, poi falsificò una lettera degli Henderson e vendette tutti i loro averi per 8000 sterline. Solo il loro cane ha tenuto per sé.

Ultima vittima e arresto

La prossima e ultima vittima di Haigh fu Olive Durand-Deacon, una vedova di 69 anni che viveva anche lei all'hotel Onslow Court. Disse a Haigh che aveva un'idea per fare chiodi artificiali. Lui la invitò nel suo laboratorio il 18 febbraio 1949, e quando lei fu dentro le sparò alla nuca, le rubò tutti gli oggetti di valore e fece sciogliere il suo corpo nell'acido solforico. Due giorni dopo, Constance Lane, un'amica della vedova, ne denunciò la scomparsa. Non molto tempo dopo, alcuni detective scoprirono la storia di furto e frode di Haigh e perquisirono il suo posto di lavoro. La polizia trovò non solo la sua valigetta contenente una fattura della tintoria della signora Durand-Deacon, ma anche documenti sugli Henderson e sui McSwann. Il patologo Keith Simpson ha esaminato il laboratorio e alla fine ha trovato tre calcoli biliari umani.

Quando Haigh fu interrogato dal detective Albert Webb, questi gli chiese: "Mi dica molto onestamente, quanto è probabile che Broadmoor rilasci qualcuno?" L'ispettore disse che non gli era permesso discutere di cose del genere, al che Haigh rispose: "Se ti dicessi la verità, non mi crederesti. Sembra troppo fantastico per crederci". Allora Haigh confessò di aver ucciso non solo Durand-Deacon, i McSwanns e gli Hendersons, ma anche altre tre persone - un giovane di nome Max, una ragazza di Eastbourne e una donna di Hammersmith.

Processo ed esecuzione

Dopo il suo arresto, Haigh fu messo in custodia cautelare nella cella 2 della stazione di polizia di Horsham sulla Barttelot Road. Fu accusato di omicidio, e il processo contro di lui iniziò nel vicino tribunale, l'Old Town Hall.

Il "procuratore generale", Hartley Shawcross KC, era il pubblico ministero e richiese alla giuria di respingere la richiesta di infermità mentale perché Haigh aveva agito in piena coscienza. David Maxwell Fyfe, l'avvocato di Haigh, chiamò molti testimoni per confermare che lo stato mentale di Haigh era cattivo, per esempio Henry Yellowlees, che sostenne che Haigh era paranoico. Dal boia Albert Pierrepoint, fu giustiziato sulla forca il 10 agosto 1949.

Conclusione

Prima di tutto, grazie per aver letto questo libro. Queste sono le biografie dei più noti serial killer della nostra storia.

Se ti è piaciuto leggere questo libro e vorresti vedere future uscite su argomenti come questi, faccelo sapere e lasciaci una recensione sulla piattaforma o sul sito del negozio dove hai comprato questo libro e inizieremo a lavorarci!

Il team di True Crime Reports è appassionato di queste parti della storia e vorrebbe continuare su una varietà di soggetti nella categoria del vero crimine.

Lightning Source UK Ltd.
Milton Keynes UK
UKHW020752020821
388172UK00012B/1017